발 행 일	2024년 02월 01일(1판 1쇄)
개 정 일	2025년 10월 01일(1판 6쇄)
I S B N	979-11-92695-18-1(13000)
정 가	12,000원

기 획	컴벤져스
집 필	김민정, 김민화
진 행	김진원
본문디자인	디자인앨리스

발 행 처	㈜아카데미소프트
발 행 인	유성천
주 소	경기도 파주시 정문로 588번길 24
홈 페 이 지	www.aso.co.kr

※ 이 책은 저작권법에 따라 보호를 받는 저작물이므로 무단 전재와 무단 복제를 금지하며, 이 책 내용의 전부 또는 일부를 이용하려면 반드시 ㈜아카데미소프트의 서면동의를 받아야 합니다.

파워포인트 2021 프로그램 실행 및 화면 구성 알아보기

■ 파워포인트란 무엇일까요?

마이크로소프트(Microsoft)라는 회사에서 프레젠테이션(Presentation)을 목적으로 개발된 소프트웨어이지만, 아주 많은 사람이 다양한 목적으로 사용하고 있습니다.

특히, 학생들은 친구들 앞에서 발표할 때 사용하기도 하고, 선생님들은 수업에 필요한 자료를 더 잘 알려주기 위해 사용하기도 합니다. 흰 멀티 스케치북 같아서, 내가 원하는 모든 내용을 그림, 동영상, 텍스트 등 다양한 방식으로 나타낼 수 있는 전달의 수단으로도 사용됩니다.

■ 파워포인트 2021의 구성

1. **제목표시줄** : 작업 중인 문서의 파일명을 나타냅니다.
2. **최소화/최대화/종료 버튼** : 작업 창 조절에 필요한 버튼입니다.
3. **[파일]** : 새로 만들기, 파일 열기, 저장하기, 인쇄하기 등이 기본명령이 담겨있습니다.
4. **리본 메뉴/리본 탭** : 문서를 작성하는데 필요한 중요한 기능들이 담긴 메뉴 줄입니다. 탭을 선택하여 도구를 선택할 수 있습니다.
5. **슬라이드 편집 창** : 슬라이드에서 작업하는 공간입니다.
6. **슬라이드 탭/ 개요 탭** : 모든 슬라이드를 미리보기로 보여줍니다.
7. **슬라이드 확대 축소** : 작업하는 슬라이드의 크기를 설정할 수 있습니다.

파포 2021 꿀트리 ②

이런 내용으로 구성되어 있어요!

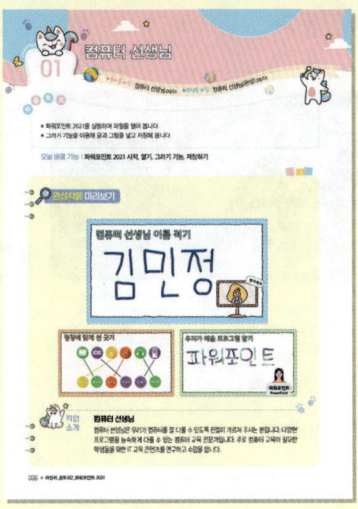

■ **완성작품 미리보기**

각 장별로 스토리를 소개하고 완성 작품을 미리 확인할 수 있어요.

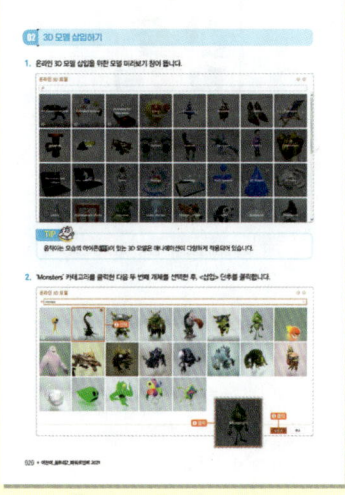

■ **본문 따라하기**

파워포인트 2021의 여러 가지 기능들을 체계적으로 학습할 수 있도록 구성되어 있어요.

■ **연습문제**

앞에서 배운 내용을 다시 한 번 복습할 수 있도록 연습문제를 제공합니다. 그리고 중간평가와 종합평가로 배운 내용을 점검할 수 있도록 구성되어 있어요.

CONTENTS

CHAPTER 01 컴퓨터 선생님 … 006

CHAPTER 02 스타일리스트 … 012

CHAPTER 03 VR 전문가 … 018

CHAPTER 04 쇼핑 호스트 … 024

CHAPTER 05 로봇 공학자 … 034

CHAPTER 06 파티시에 … 044

CHAPTER 07 네일 아티스트 … 052

CHAPTER 08 사이버 범죄 수사관 … 058

CHAPTER 09 약사 … 064

CHAPTER 10 기자 … 072

CHAPTER 11 사진작가 … 078

CHAPTER 12 크리에이터 … 086

중간 평가 … 094

컴퓨터 선생님

• 불러올 파일 : 컴퓨터 선생님.pptx • 완성된 파일 : 컴퓨터 선생님(완성).pptx

학습목표

- 파워포인트 2021을 실행하여 파일을 열어 봅니다.
- 그리기 기능을 이용해 글과 그림을 넣고 저장해 봅니다.

오늘 배울 기능 : 파워포인트 2021 시작, 열기, 그리기 기능, 저장하기

컴퓨터 선생님

컴퓨터 선생님은 우리가 컴퓨터를 잘 다룰 수 있도록 친절히 가르쳐 주시는 분입니다. 다양한 프로그램을 능숙하게 다룰 수 있는 컴퓨터 교육 전문가입니다. 주로 컴퓨터 교육이 필요한 학생들을 위한 IT 교육 콘텐츠를 연구하고 수업을 합니다.

01 파워포인트를 실행하기

1. [PowerPoint 2021]을 실행한 후, [열기]-[찾아보기]를 클릭합니다.

2. [열기] 대화상자에서 [불러올 파일]-[CHAPTER 01]-'컴퓨터 선생님.pptx'를 선택한 후, <열기> 단추를 클릭하여 파일을 불러옵니다.

3. 다음 그림과 같이 '컴퓨터 선생님.pptx' 파일이 열립니다.

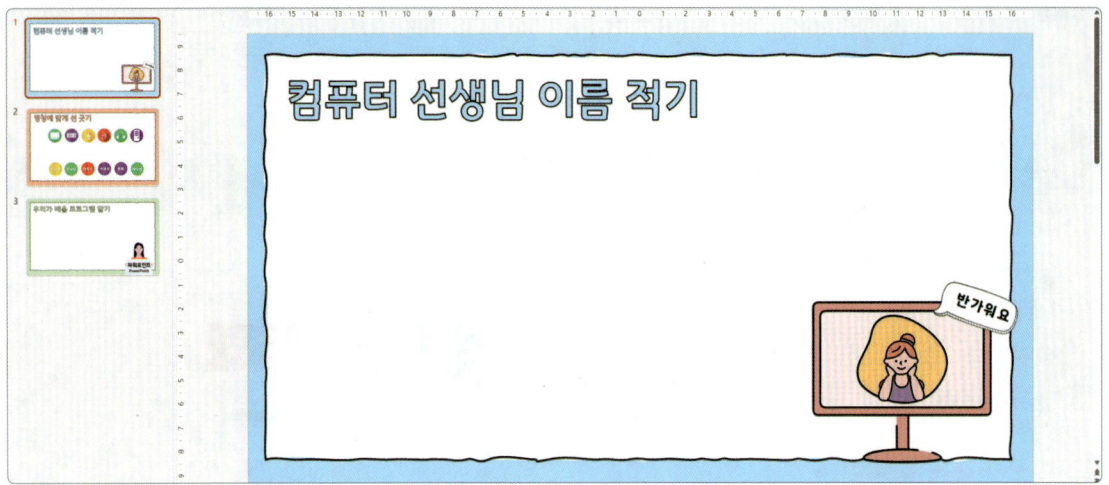

02 그리기 기능

1. [그리기] 탭-[그리기 도구] 그룹에서 '펜'을 선택하고 두께와 색을 선택합니다.

2. 마우스 왼쪽 단추를 눌러 드래그를 하면 선이 그려지게 됩니다.

3. 지우개를 선택하고 그려진 선을 클릭하면 선을 지울 수 있습니다.

4. 자신이 원하는 펜을 클릭한 후, 색과 굵기를 다양하게 선택하여 그려봅니다.

TIP 펜, 연필, 형광펜은 다른 질감으로 표현됩니다.

5. 두 번째 슬라이드를 마우스로 선택하고 이미지와 글자를 선으로 연결합니다.

6. 세 번째 슬라이드를 마우스로 선택하고 우리가 배울 프로그램을 선을 이용해서 그려봅니다.

03 파일 저장하기

1. [파일] 탭-[다른 이름으로 저장]을 클릭한 후, [찾아보기]를 클릭합니다.

2. [다른 이름으로 저장] 대화상자가 나오면 본인의 폴더를 선택한 후, 파일 이름을 '컴퓨터 선생님(완성)'을 입력합니다. 이어서, <저장> 단추를 클릭합니다.

> **TIP**
> 처음 작성한 파일을 <종료> 단추를 눌러 [저장하기]의 대화상자가 나오도록 하거나, 바로 [저장하기]를 선택하여 저장하면 파일이 어디에 저장되는지 저장 위치를 우리가 알 수 없습니다. 그래서 [다른 이름으로 저장]을 하면 원하는 저장 위치를 정확하게 지정하여 안전하게 저장할 수 있습니다.

CHAPTER 01 연습문제

● 불러올 파일 : 연습하기 01.pptx ● 완성된 파일 : 1장 연습하기 01(완성).pptx

문제 01 스케치북 속에 그리고 싶은 그림을 마음껏 그려봅니다.

● 불러올 파일 : 연습하기 02.pptx ● 완성된 파일 : 1장 연습하기 02(완성).pptx

문제 02 하늘, 바다, 들판 배경의 슬라이드 중 마음에 드는 슬라이드를 선택하여 배경에 어울리는 그림을 자유롭게 표현해 봅니다.

스타일리스트

● 불러올 파일 : 스타일리스트.pptx   ● 완성된 파일 : 스타일리스트(완성).pptx

- 그림을 삽입할 수 있습니다.
- 그림의 크기를 조정할 수 있습니다.

오늘 배울 기능 : 그림 불러오기, 그림 개체 크기 조정

완성작품 미리보기

직업 소개

스타일리스트
스타일리스트는 멋을 내는 데 도움을 주는 직업으로 어떤 상황과 장소에 따라, 혹은 그 사람의 체형이나 외모를 더욱 빛내줄 스타일을 찾아 소품이나 의상, 헤어, 액세서리 등을 매치하여 전체적으로 아름답게 연출하는 일을 합니다.

01 그림을 불러오기

1. [파일] 탭-[열기]-[찾아보기]를 클릭합니다. 이어서 [불러올 파일]-[CHAPTER 02]-'스타일리스트.pptx'를 선택한 후, <열기> 단추를 클릭하여 파일을 불러옵니다.

2. 다음 그림과 같은 파일이 열립니다.

3. 여자아이의 옷 선택을 위해 [삽입] 탭-[이미지] 그룹에서 [그림]-[이 디바이스]를 선택합니다.

4. [그림 삽입] 대화상자가 열리면 [불러올 파일]-[CHAPTER 02]-[옷과 소품들] 폴더를 더블 클릭합니다.

5. [옷과 소품들] 폴더에 105개의 파일을 확인합니다.

오른쪽 그림처럼 이미지가 보이지 않고 글자만 보여서 답답한가요?

[보기 옵션]-[큰 아이콘]을 클릭하면 큰 이미지로 보입니다.

6. '상의8.png'를 선택하고 <열기> 단추를 클릭합니다.

7. 슬라이드 작업 창에 선택한 '상의8' 이미지가 삽입된 것을 확인할 수 있습니다.

02 개체 크기 조정하기

1. '상의8' 이미지가 선택된 화면을 보면 동그란 조절점들이 보입니다. 마우스를 조절점에 가져가면 마우스 포인터의 모습이 양방향 화살표 모습으로 변환됩니다. 그때 드래그해서 적절한 크기로 맞춰봅니다.

2. 여자아이 위로 옷을 이동시켜 크기를 좀 더 정확하게 맞춰봅니다.

3. 하의도 같은 방법으로 불러와 크기를 맞춰 봅니다.

4. 여자아이의 스타일을 더 멋지게 해줄 신발과 액세서리를 찾아 삽입해 봅니다.

그림 개체들의 순서를 바꿀 수 있습니다.

개체를 선택한 후, 마우스 오른쪽 단추를 클릭하여 <맨 앞으로 가져오기>를 선택합니다.
앞, 뒤로 조정해 봅니다. 이미지의 앞, 뒤 순서에 따라 다른 느낌의 옷을 확인해 봅니다.

5. 귀여운 스타일링이 마음에 드나요?
   [파일] 탭-[다른 이름으로 저장]을 클릭한 후, [찾아보기]를 클릭합니다.

6. [다른 이름으로 저장] 대화상자가 나오면 본인의 폴더를 선택한 후, 파일 이름을 '스타일리스트(완성)'으로 입력합니다. 이어서, <저장> 단추를 클릭합니다.

CHAPTER 02 연습문제

●불러올 파일: 연습하기 01.pptx ●완성된 파일: 2장 연습하기 01(완성).pptx

문제 01 화창한 날씨! 주말이 되어 친구들과 놀이공원으로 놀러 가기로 했습니다.
멋진 스타일링을 시작해 봅니다.

●불러올 파일: 연습하기 02.pptx ●완성된 파일: 2장 연습하기 02(완성).pptx

문제 02 남, 여 캐릭터 중 2명을 선택해 삽입해 줍니다. 똑같은 듯 다른 우리는 커플룩!
센스있는 커플룩을 완성해 봅니다.

VR 전문가

● 불러올 파일 : VR 전문가.pptx   ● 완성된 파일 : VR 전문가(완성).pptx

- 3D 모델을 삽입할 수 있습니다.
- 3D 모델을 회전 및 크기 조정을 할 수 있습니다.

오늘 배울 기능 : 3D 모델 삽입하기, 개체 회전 및 조정하기

완성작품 미리보기

직업 소개

VR 전문가

VR은 Virtual Reality의 약자로 실제 현실이 아닌 컴퓨터나 온라인 등의 과학 기술을 통해 나타내는 가상현실을 말합니다. 현실과 유사하지만, 실제가 아닌 어떤 특정한 환경이나 상황 혹은 그 기술 자체를 의미합니다. 가상현실 전문가는 3차원 모델링(3D) 등의 기술을 이용해 가상의 시공간에서 가상 시스템을 개발하고 연구합니다.

01 3D 모델 찾기

1. [파일] 탭-[열기]-[찾아보기]를 클릭합니다. 이어서, [불러올 파일]-[CHAPTER 03]-'VR 전문가.pptx'를 선택한 후, <열기> 단추를 클릭하여 파일을 불러옵니다.

2. 아래 그림과 같은 파일이 열립니다.

3. 가상의 배경에 어울리는 3D 개체를 삽입하기 위해 [삽입] 탭-[일러스트레이션] 그룹에서 [3D 모델]을 클릭합니다. 그리고 [스톡 3D 모델]을 선택합니다.

02 3D 모델 삽입하기

1. 온라인 3D 모델 삽입을 위한 모델 미리보기 창이 뜹니다.

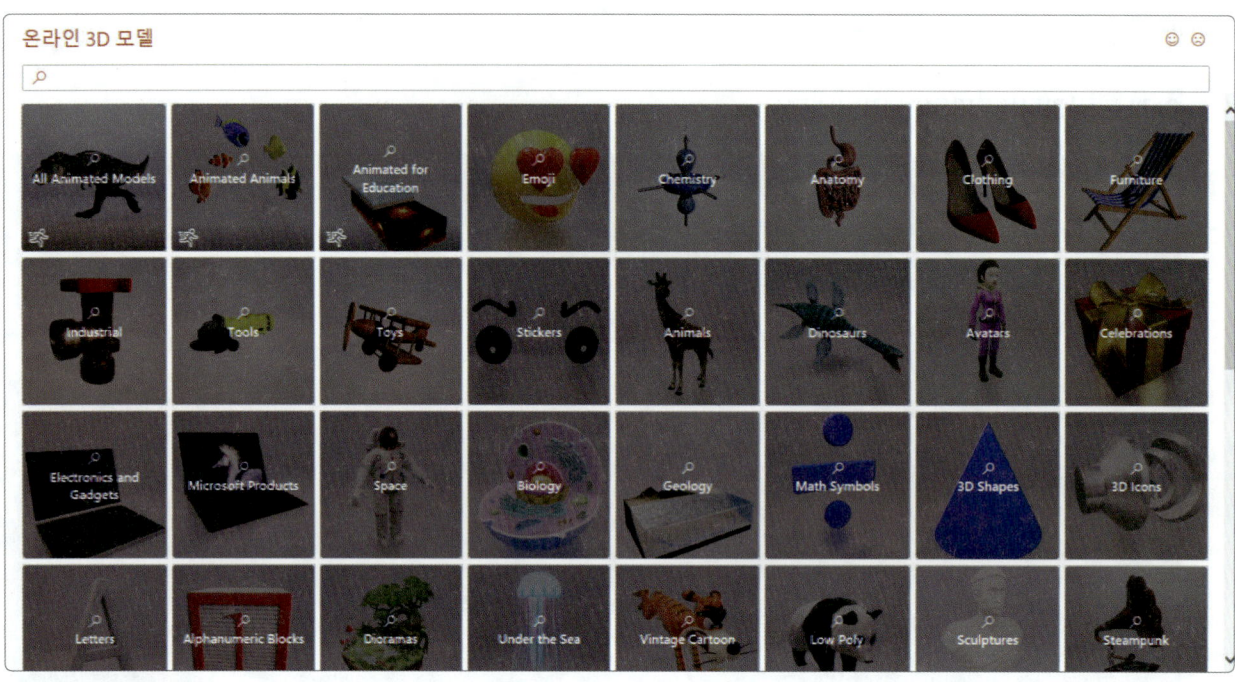

> **TIP**
> 움직이는 모습의 아이콘(🏃)이 있는 3D 모델은 애니메이션이 다양하게 적용되어 있습니다.

2. 'Monsters' 카테고리를 클릭한 다음 두 번째 개체를 선택한 후, <삽입> 단추를 클릭합니다.

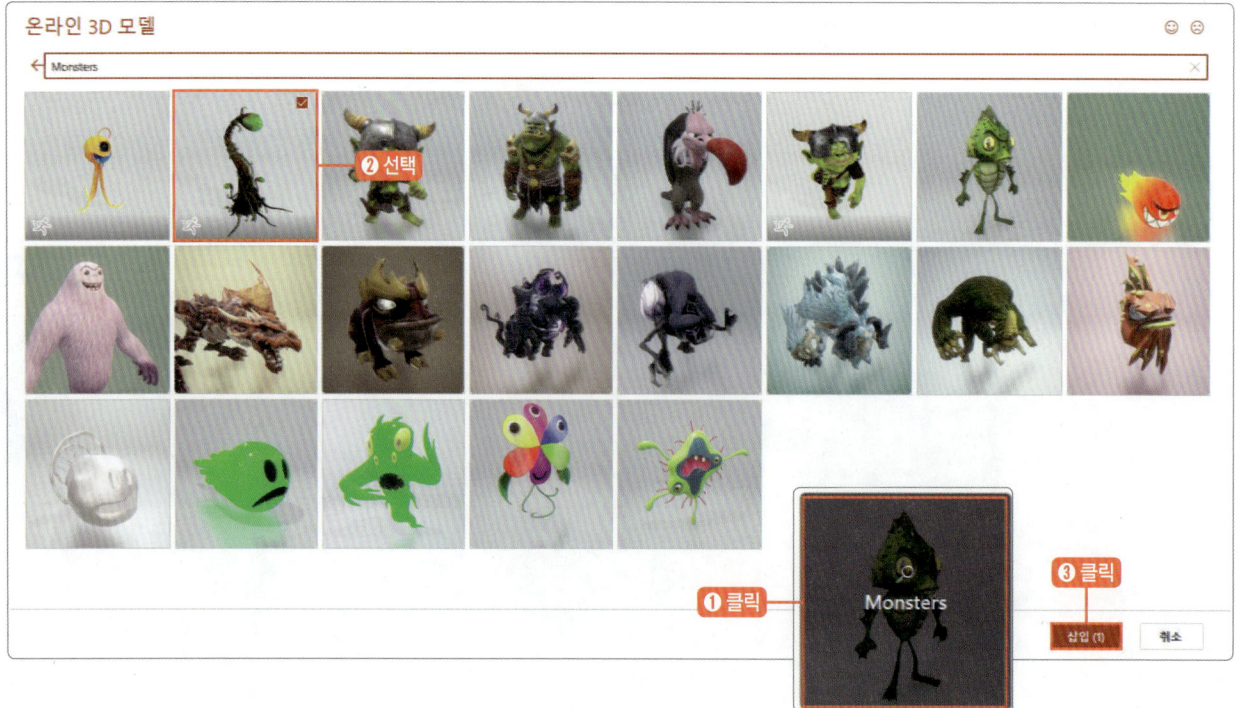

3. 작업 중인 슬라이드에 선택한 개체가 삽입된 것을 확인할 수 있습니다.

03 개체 회전 및 크기 조정하기

1. 삽입된 3D 개체의 중심에 회전축을 드래그하면 360°로 개체가 회전되는 것을 확인할 수 있습니다. 개체의 모서리에 조절점을 움직여 크기를 조정할 수 있습니다.

2. 'Monsters'에서 다른 개체들도 클릭하여 삽입한 후, 아래와 같이 회전 및 크기를 조정합니다.

3. 'Fantasy' 카테고리를 클릭한 다음 세 번째 개체를 선택한 후, <삽입> 단추를 클릭합니다.
   같은 방법으로 3D 성 모델을 삽입하여 개체들을 회전 및 크기를 조정해 봅니다.

 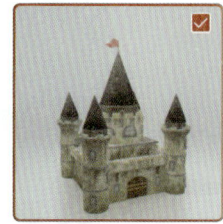

4. 'Dioramas' 카테고리를 클릭한 다음 네 번째 개체를 선택한 후, <삽입> 단추를 클릭합니다. 이어서, 개체들을 회전 및 크기를 조정하여 가상공간을 멋지게 완성해 봅니다.

5. 환상적인 가상 세계가 만들어졌나요? 완성된 파일은 [다른 이름으로 저장]으로 본인의 폴더를 선택한 후, 파일 이름을 'VR 전문가(완성)'을 입력합니다. 이어서, <저장> 단추를 클릭합니다.

CHAPTER 03 연습문제

● 불러올 파일 : 연습하기 01.pptx   ● 완성된 파일 : 3장 연습하기 01(완성).pptx

문제 01 한 번도 가보지 못한 우주와 바다 깊은 세상을 상상해 본 적이 있나요?
3D 모델을 통해 멋진 가상 세계를 만들어 봅니다.

● 불러올 파일 : 연습하기 02.pptx   ● 완성된 파일 : 3장 연습하기 02(완성).pptx

문제 02 미래의 내 집은 어떤 모습일까요? 3D 모델 가구를 넣어 배치해 봅니다.

쇼핑 호스트

CHAPTER 04

● 불러올 파일 : 쇼핑 호스트.pptx   ● 완성된 파일 : 쇼핑 호스트(완성).pptx

학습목표

- 온라인 그림을 검색하여 삽입할 수 있습니다.
- 그림의 색을 변형하고 그림을 복사할 수 있습니다.

오늘 배울 기능 : 온라인 그림 삽입하기, 색 변형하여 다시 칠하기, 그림 복사하기

완성작품 미리보기

직업소개

쇼핑 호스트

쇼핑 호스트는 홈쇼핑과 같은 방송으로 상품을 알려주고 판매를 하는 프로그램 진행자입니다. 소비자들이 직접 상품을 만져보고 확인할 수 없기에 쇼핑 호스트가 상세하게 상품의 정보를 쏙쏙 알려주며 판매를 유도합니다. 소비자 대신 상품을 써보고 정확한 정보를 전달해 주어야 하며 유창한 말솜씨로 많은 판매가 되도록 노력해야 합니다.

01 온라인 그림 검색하기

1. [파일] 탭-[열기]-[찾아보기]를 클릭합니다. 이어서, [불러올 파일]-[CHAPTER 04]-'쇼핑 호스트.pptx'를 선택한 후, <열기> 단추를 클릭하여 파일을 불러옵니다.

2. 오른쪽 그림과 같은 파일이 열립니다.

3. 쇼핑 호스트가 가방을 판매할 수 있도록 가방을 검색하여 삽입할 것입니다. [삽입] 탭-[이미지] 그룹에서 [그림]을 클릭한 후, [온라인 그림]을 선택합니다.

4. 온라인 그림 검색 창을 확인합니다.

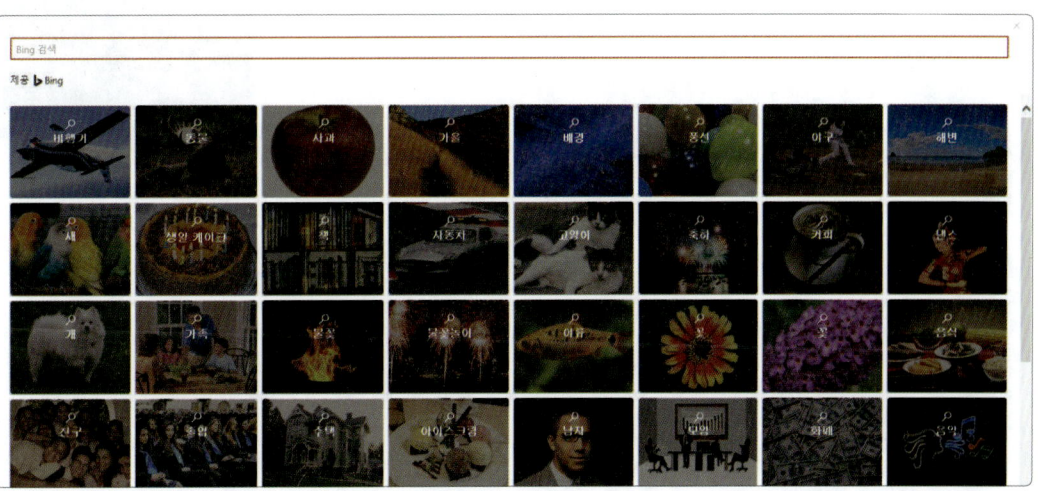

5. '가방'을 검색하여 서류 가방 이미지를 선택한 후, <삽입> 단추를 클릭합니다.
   ※ 온라인 이미지 검색이 안되면 [불러올 파일]-[CHAPTER 04]-'이미지01.png'를 사용합니다.

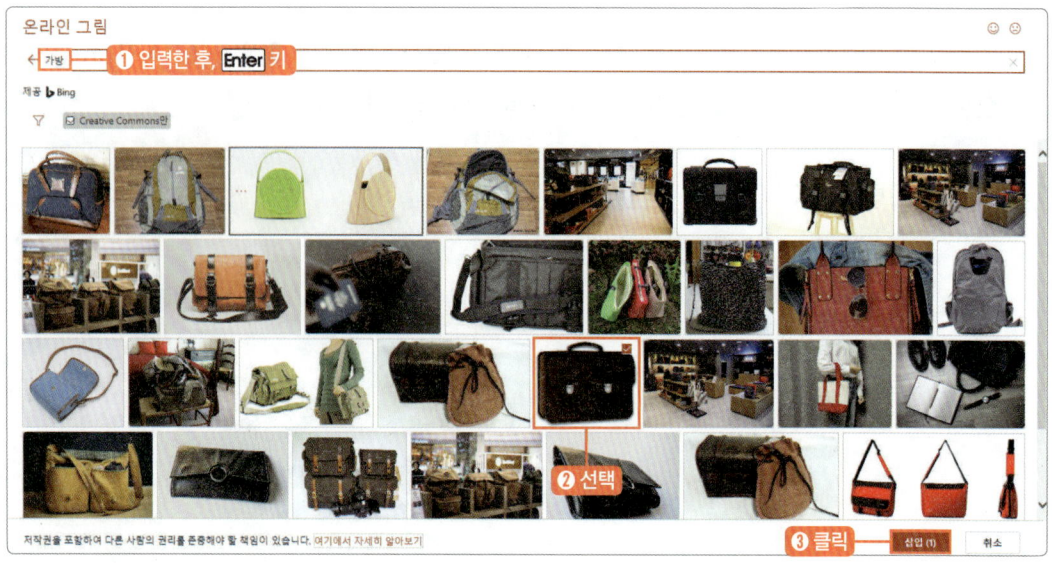

6. 작업 중인 슬라이드에 선택한 그림 이미지가 삽입된 것을 확인하고 조절점을 이용하여 알맞게 크기를 조절해 봅니다.

02 이미지 복사하기

1. 그림을 복사하기 위해 마우스 포인터를 가방 이미지 위에 올려 놓습니다.

2. `Ctrl` 키를 누른 상태로 오른쪽으로 드래그 앤 드롭(drag & drop)을 해봅니다.

3. 가방 이미지가 복사된 것을 확인할 수 있습니다.

4. 가방 이미지를 3개 복사합니다.

03 그림 색 다시 칠하기

1. 두 번째 가방을 선택한 후, [그림 서식] 탭-[색 조정] 그룹-[색]을 클릭합니다.

2. [다시 칠하기]에서 '주황, 밝은 강조색 2'를 선택합니다.

3. 세 번째 가방은 [다시 칠하기]에서 '파랑, 밝은 강조색 1'을 선택합니다.

04 다양한 온라인 그림 삽입하기

1. [삽입] 탭-[이미지] 그룹-[그림]에서 [온라인 그림]-'가방'을 검색한 후, 다음과 같은 이미지를 선택하고 <삽입> 단추를 클릭합니다.
   ※ 온라인 이미지 검색이 안되면 [불러올 파일]-[CHAPTER 04]-'이미지02.png'를 사용합니다.

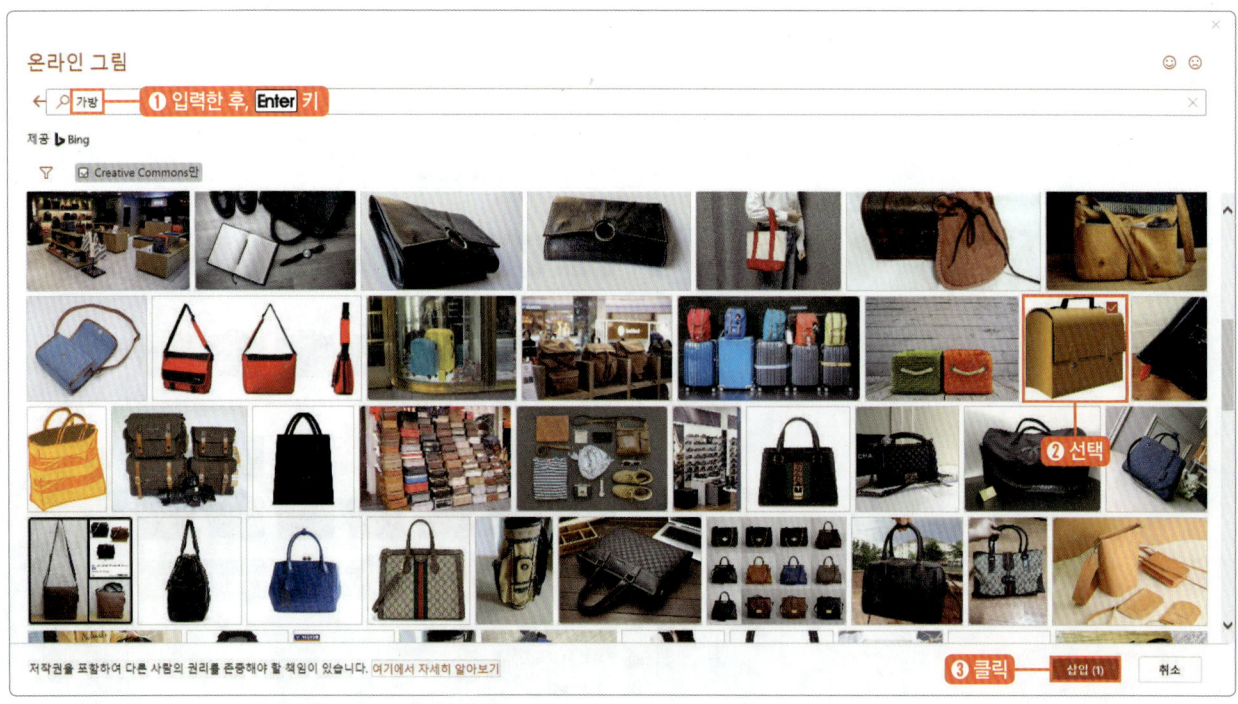

2. Ctrl 키를 누른 상태로 오른쪽으로 드래그 앤 드롭(drag&drop)을 하며 4개의 가방 그림을 복사합니다.

3. 두 번째 가방을 선택한 후, [그림 서식] 탭-[색 조정] 그룹-[색]-[다시 칠하기]에서 [기타 변형]을 선택합니다.

4. 표준색에서 '녹색', '빨강', '자주'를 선택하여 가방 이미지의 색을 다시 칠해줍니다.

5. [삽입] 탭-[이미지] 그룹-[그림]에서 [온라인 그림]-'가방'을 검색한 후, 아래와 같은 이미지를 선택하고 <삽입> 단추를 클릭합니다.

    ※ 온라인 이미지 검색이 안되면 [불러올 파일]-[CHAPTER 04]-'이미지03.png'를 사용합니다.

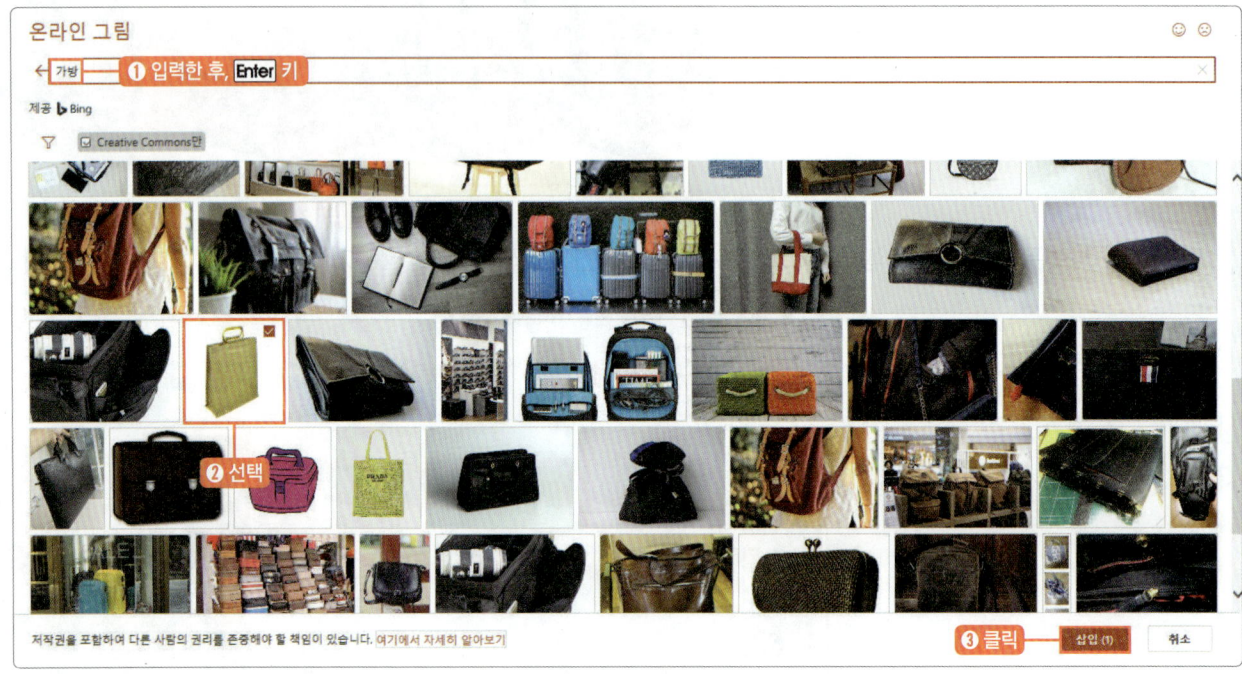

6. 작업창에 삽입된 이미지의 회전축을 돌려 이미지를 회전시킵니다.

7. Ctrl 키를 이용하여 3개의 가방 그림을 복사합니다.

내가 원하는 색을 직접 설정하여 사용할 수 있습니다.

[그림 서식] 탭-[조정] 그룹에서 [색]-[다시 칠하기]-[기타 변형]-[다른 색]을 선택하면 '표준'과 '사용자 지정' 팔레트가 나타납니다. 본인이 원하는 색을 직접 클릭하여 선택할 수 있습니다.

8. 가방 색을 '표준' 또는 '사용자 지정' 팔레트로 본인이 원하는 색을 지정하여 봅니다.

9. 알록달록 변신한 가방 이미지 간의 간격을 맞춰 완성해 봅니다.

10. 판매를 위한 가방 진열이 끝났나요?

[파일] 탭-[다른 이름으로 저장]을 선택하여 본인의 폴더를 선택한 후, 파일 이름을 '쇼핑 호스트(완성)'을 입력합니다. 이어서, <저장> 단추를 클릭합니다.

CHAPTER 04 연습문제

● 불러올 파일 : 연습하기 01.pptx   ● 완성된 파일 : 4장 연습하기 01(완성).pptx

문제 01 화장품과 관련된 물품을 판매하는 날입니다. 쇼핑 호스트가 많이 판매할 수 있도록 물건을 잘 진열해 봅니다.

● 불러올 파일 : 연습하기 02.pptx   ● 완성된 파일 : 4장 연습하기 02(완성).pptx

문제 01 마트에 다양한 물건들을 검색하여 진열해 봅니다.

CHAPTER 05 로봇 공학자

● 불러올 파일 : 로봇 공학자.pptx ● 완성된 파일 : 로봇 공학자(완성).pptx

학습목표

- 도형을 삽입하고 서식을 변경할 수 있습니다.
- 도형들을 그룹으로 묶을 수 있습니다.

오늘 배울 기능 : 도형 삽입하기, 도형 서식 변경하기, 도형 개체들 그룹화하기

완성작품 미리보기

직업소개

로봇 공학자

로봇을 설계하여 연구하고 개발하는 사람입니다. 많은 분야에서 사람들이 할 수 있는 일을 대신에 할 로봇을 개발, 운용, 정비, 수리하며 인공지능, 센서, 하드웨어, 소프트웨어를 제작합니다. 우리의 일상을 더욱 편리하게 해주는 서빙, 청소 로봇부터 사람이 갈 수 없는 우주를 탐사하거나 재난 지역의 인명 구조, 정밀함이 필요한 의료 현장까지 다양하게 발전되고 있습니다. 로봇 공학자는 앞으로 더욱 유망 받는 직업입니다.

01 도형 삽입하기

1. [파일] 탭-[열기]-[찾아보기]를 클릭합니다. 이어서, [불러올 파일]-[CHAPTER 05]-'로봇 공학자.pptx'를 선택한 후, <열기> 단추를 클릭하여 파일을 불러옵니다.

2. 아래 그림과 같은 파일이 열립니다.

3. 로봇을 만들어볼까요? 도형을 삽입하기 위해 [삽입] 탭-[일러스트레이션] 그룹에서 [도형]을 클릭합니다.

4. [도형]-'사각형, 둥근 모서리' 도형을 선택합니다.

5. 마우스 포인터 모양이 '+'로 변합니다. 적당한 위치에서 드래그하여 도형을 삽입합니다.

02 도형 서식 변경하기

1. '사각형, 둥근 모서리'를 다음 그림처럼 적당한 크기로 크기를 조절합니다.

2. 도형의 색을 변경하기 위해 [도형 서식] 탭-[도형 스타일] 그룹에서 [도형 채우기]-'표준색, 주황'을 선택합니다.

3. 도형에 입체 효과를 주기 위해 [도형 서식] 탭-[도형 스타일] 그룹에서 [도형 효과] – [입체 효과]를 클릭합니다. 이어서, 입체 효과 중 '각지게'를 선택합니다.

4. 다음과 같이 도형의 색과 입체 효과가 변경된 것을 확인할 수 있습니다.

5. 로봇의 눈을 만들기 위해 [도형]-'타원'을 선택한 다음 [도형 서식] 탭-[도형 스타일] 그룹에서 [도형 효과]-[입체 효과]-'둥글게'를 선택합니다.

6. 로봇의 눈알을 만들기 위해 [도형]-'타원'을 선택한 다음 [도형 서식] 탭-[도형 스타일] 그룹에서 [도형 채우기]-'흰색, 배경 1'을 선택합니다. 이어서, [도형 서식] 탭-[도형 스타일] 그룹에서 [도형 효과]-[입체 효과]-'부드럽게 둥글리기'를 선택합니다.

CHAPTER 05 로봇 공학자 • **037**

7. 로봇의 다른 눈을 만들기 위해 [도형]-'십자형'을 선택한 다음 도형을 삽입합니다.

8. 십자형 도형의 모양을 변경하기 위해, 도형의 노란색 점을 좌우로 드래그해서 십자형 도형의 면적을 줄여 모양을 변경합니다.

도형의 노란색 점을 [채우기 핸들]이라고 합니다

채우기 핸들은 도형에 따라 다르지만, 좌우나 상하로 움직여 도형의 면적을 조절하는 기능을 하며 도형의 모양이 완전히 다르게 변경되기도 합니다.

9. [도형 서식] 탭-[도형 스타일] 그룹에서 [도형 효과] -[입체 효과]-'둥글게'를 선택합니다.

10. 로봇의 머리 위 부품을 만들기 위해 [삽입] 탭-[일러스트레이션] 그룹에서 [도형]-'순서도: 지연'을 선택합니다. 이어서, 아래의 조건에 맞게 효과를 줍니다.

도형 채우기	도형 효과
녹색, 강조 6.25% 더 어둡게	입체 효과 – 둥글게

11. [도형 서식] 탭-[정렬] 그룹에서 [회전]-'왼쪽으로 90° 회전'을 선택합니다.

12. 도형의 순서를 바꾸기 위해 마우스 오른쪽 단추를 클릭하여 [맨 뒤로 보내기]를 선택합니다.

13. 로봇의 입을 만들기 위해 [도형]-'막힌 원호'을 선택합니다. 이어서, 아래의 조건에 맞게 효과를 줍니다.

도형 채우기	도형 효과	회전
검정, 텍스트 1	입체 효과 - 둥글게	상하 대칭

14. 로봇의 귀를 만들기 위해 [삽입] 탭-[일러스트레이션] 그룹에서 [도형]-'순서도: 지연'을 선택합니다. 이어서, 아래의 조건에 맞게 효과를 줍니다.

- 반대쪽 귀를 만들기 위해 Ctrl 키를 누른채로 드래그 앤 드롭하여 복사합니다.
  복사된 도형은 [도형 서식] 탭-[정렬] 그룹에서 [회전]-'좌우 대칭'하여 위치를 조절합니다.

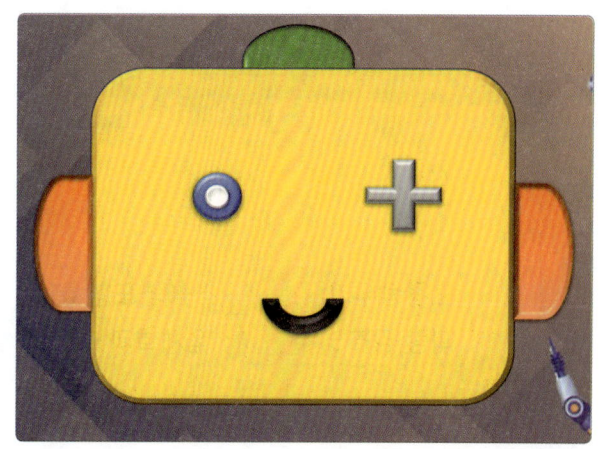

도형 채우기	도형 효과
주황, 강조 2	입체 효과 - 기울기

CHAPTER 05 로봇 공학자 • 039

15. 로봇의 이마에 버튼 부품을 만들기 위해 [도형]-'사각형: 빗면'을 선택합니다. 이어서, 아래의 조건에 맞게 효과를 줍니다.

- 도형을 2개 더 복사하기 위해 Ctrl 키를 누른채로 드래그 앤 드롭을 2번 하여 도형 2개를 더 만듭니다.

도형 채우기	도형 효과
파랑, 강조 5	입체 효과 - 둥글게 볼록

16. 로봇의 볼에 버튼 부품을 만들기 위해 [도형]-'사각형: 빗면'을 선택합니다. 이어서, 아래의 조건에 맞게 효과를 줍니다.

- 도형을 1개 더 복사하기 위해 Ctrl 키를 누른채로 옆으로 드래그 앤 드롭 합니다.

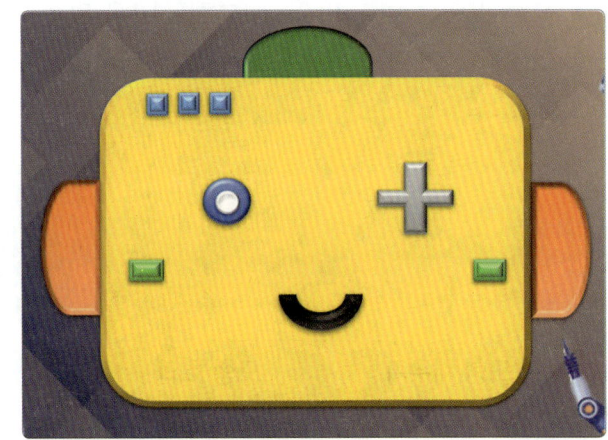

도형 채우기	도형 효과
녹색, 강조 6	입체 효과 - 둥글게 볼록

- 도형을 1개 더 복사하기 위해 Ctrl 키를 누른채로 아래로 드래그 앤 드롭 합니다.

도형 채우기	도형 효과
파랑, 강조 5	입체 효과 - 둥글게 볼록

17. 로봇의 머리 위 부품을 만들기 위해 [도형]-'번개'를 선택합니다. 이어서, 아래의 조건에 맞게 효과를 줍니다.

- [도형 서식] 탭-[정렬] 그룹에서 [회전]-'상하 대칭'하여 위치를 조절합니다.
  도형의 순서를 '맨 뒤로 보내기' 하여 배치합니다.

도형 채우기	도형 효과
황금색, 강조 4, 40% 더 밝게	입체 효과-둥글게

18. 로봇의 머리 위 별 부품을 만들기 위해 [도형]-'별: 꼭짓점 6개'를 선택합니다. 이어서, 아래의 조건에 맞게 효과를 줍니다.

- 도형의 회전 핸들을 조정하여 모양을 맞춥니다.

도형 채우기	도형 효과
빨강	입체 효과-둥글게

03 도형 개체들 그룹화하기

1. 각 도형 개체들로 만들어진 로봇의 얼굴을 하나의 그룹으로 만들기 위해 모든 도형의 범위를 드래그하면 여러 도형을 빠르게 선택할 수 있습니다.

 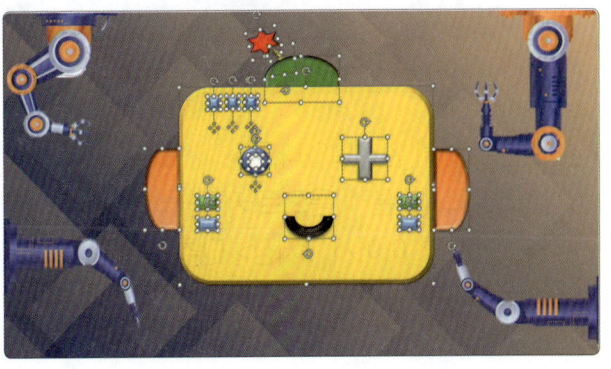

2. 각 도형 개체가 모두 선택되면 도형 위에서 마우스 오른쪽 단추를 클릭하여 [그룹화] – [그룹]을 선택합니다.

3. 로봇이 그룹화되어 하나의 개체로 만들어집니다. 크기를 알맞게 조절합니다.

도형이나 그림 등의 개체가 그룹화되면 개체 이동이 쉽고, 확대나 축소의 크기 변화가 한꺼번에 가능하며 복사를 할 때도 편리하게 작업됩니다. 그룹화된 개체는 그룹 해제도 가능합니다.

4. 멋진 로봇이 완성되었나요?
[파일] 탭-[다른 이름으로 저장]을 선택하여 본인의 폴더를 선택한 후, 파일 이름을 '로봇 공학자(완성)'을 입력합니다. 이어서, <저장> 단추를 클릭합니다.

CHAPTER 05 연습문제

● 불러올 파일 : 연습하기 01.pptx   ● 완성된 파일 : 5장 연습하기 01(완성).pptx

문제 01 서빙 로봇의 얼굴을 만들어 봅니다. 완성된 얼굴은 그룹화하여 크기를 조정한 후, 마음에 드는 몸통과 합쳐 줍니다.

● 불러올 파일 : 연습하기 02.pptx   ● 완성된 파일 : 5장 연습하기 02(완성).pptx

문제 02 우리 집에서 함께 지내고 싶은 로봇을 만들어 봅니다. 완성된 얼굴은 그룹화하여 크기를 조정한 후, 마음에 드는 몸통과 합쳐 줍니다.

파티시에

● 불러올 파일 : 파티시에.pptx   ● 완성된 파일 : 파티시에(완성).pptx

학습목표

- 곡선을 그릴 수 있습니다.
- 곡선에 다양한 효과를 줄 수 있습니다.

오늘 배울 기능 : 곡선 삽입하기, 도형에 다양한 효과 주기, 개체를 여러 개 복사하기

 직업 소개

파티시에

과자나 쿠키, 파이와 케이크와 같은 달콤한 디저트를 주로 만듭니다. 제빵은 주로 발효하여 빵을 만들지만, 파티시에는 발효과정 없이 만드는 제과를 합니다. 소비자들에게 많은 사랑을 받기 위해 제품에 들어가는 재료연구는 물론 포장까지 연구하며 개성 있는 디저트를 만들기 위해 노력합니다.

01 곡선 그리기

1. [파일] 탭-[열기]-[찾아보기]를 클릭합니다. 이어서, [불러올 파일]-[CHAPTER 06]-'파티시에.pptx'를 선택한 후, <열기> 단추를 클릭하여 파일을 불러옵니다.

2. 다음 그림과 같은 파일이 열립니다.

3. 달콤한 디저트를 만들어 줄 준비가 되었나요? 아래의 조건표를 참고하여 도형을 선택하면 [도형 서식] 탭-[도형 스타일] 그룹-[도형 채우기]에서 색을 변경합니다.

도형 종류	도형 색 채우기
원형 : 비어있음	주황, 강조 2, 50% 더 어둡게
하트	다른 채우기 색 – 사용자 지정-아래 그림 참고
타원 3개	주황, 강조 2, 40% 더 밝게

4. 초콜릿 도너츠에 시럽을 만들기 위해 [삽입] 탭-[일러스트레이션] 그룹-[도형]에서 '선-곡선'을 선택합니다. 마우스 포인터의 모양이 '┼'로 변한 것을 확인할 수 있습니다.

5. 클릭하면 그 부분은 고정이 되고 드래그하면 선이 늘어납니다. 굽혀지길 원하는 부분마다 클릭하며 모양을 만들어 나갑니다. 종료는 더블클릭을 합니다.

02 곡선에 효과 주기

1. 곡선의 색을 변경하기 위해 [도형 서식] 탭-[도형 스타일] 그룹-[도형 윤곽선]에서 '흰색, 배경 1'을 선택합니다.

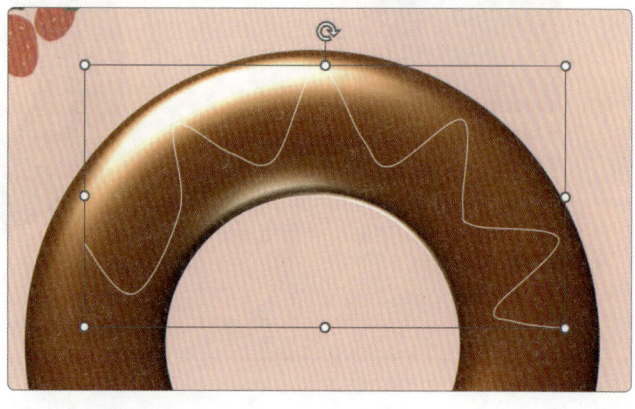

2. 곡선의 두께를 변경하기 위해 [도형 서식] 탭-[도형 스타일] 그룹-[도형 윤곽선]에서 [두께]-'6pt'를 선택합니다.

3. 곡선에 입체 효과를 주기 위해 [도형 서식] 탭-[도형 스타일] 그룹-[도형 효과]에서 [입체 효과] -'둥글게'를 선택합니다.

4. 하트 빵 위에도 같은 방법으로 곡선을 선택하여 시럽을 만들어 줍니다. 이어서, 곡선의 색을 변경하기 위해 [도형 서식] 탭-[도형 스타일] 그룹-[도형 윤곽선]에서 '자주'를 선택합니다.

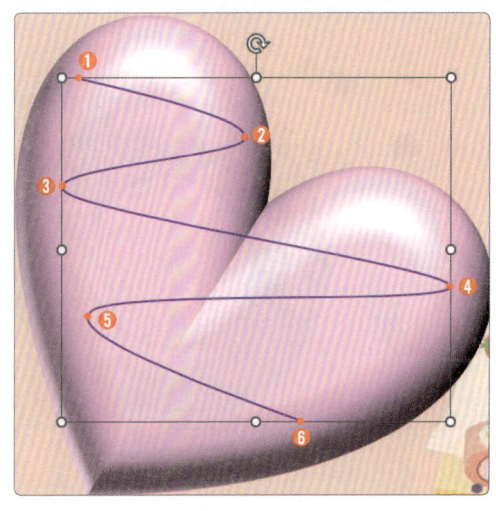

5. '자주' 곡선의 두께를 더 두껍게 변경하기 위해 [도형 서식] 탭-[도형 스타일] 그룹-[도형 윤곽선]에서 [두께]-[다른 선]을 선택합니다. 상세 창이 나오면 너비를 8pt로 바꾸어 줍니다.

6. 곡선에 입체 효과를 주기 위해 [도형 서식] 탭-[도형 스타일] 그룹-[도형 효과]에서 [입체 효과]-'둥글게'를 선택합니다.

03 도형을 여러 개로 복사하기

1. 곰돌이 도넛을 꾸미기 위해 슬라이드 작업 창 옆에서 '노란 귀'를 드래그하여 알맞은 위치에 두고 회전을 합니다. 이어서, 다른 쪽 귀를 복사하기 위해 Ctrl 키를 누른 채로 드래그 앤 드롭 한 다음 회전을 합니다. 같은 방법으로 곰돌이 도넛의 눈 2개를 완성합니다.

2. 곰돌이 도넛의 코를 만들기 위해 '흰색 타원'을 드래그해서 크기 조정을 합니다.

3. 귀여운 코 모양을 만들기 위해 '검정 직사각형'을 드래그한 다음 도형을 하나 더 복사를 합니다. 이어서, [도형 서식] 탭-[정렬] 그룹에서 [회전]-'좌우 대칭' 하여 모양을 만듭니다.

도형이 작아서 마우스로 움직이기 힘들다면 키보드의 방향키를 눌러 위치를 이동해 봅니다.

4. 코의 작은 '검정 원형' 도형은 눈을 복사하여 가져옵니다. 이어서, 적당한 크기로 조절합니다.

5. 곰돌이 도넛의 장식들을 알맞은 크기와 위치로 이동합니다.

6. 하트 도넛 위에 하트 장식을 드래그합니다.

7. 여러 개를 복사해서, 회전 및 크기를 조정하여 다음과 같이 완성합니다.

8. 꽈배기 빵 위에 장식해 봅니다. 이어서, 분홍색 구름도 형 여러 개를 복사해서, 회전 및 크기를 조정하여 다음과 같이 완성합니다.

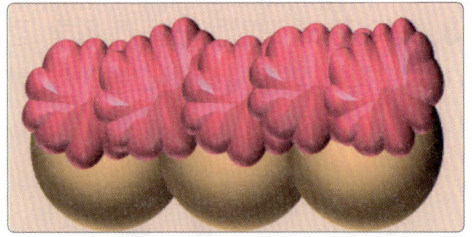

9. 하얀 사각형 도형 여러 개를 복사해서, 회전 및 크기를 조정하여 다음과 같이 완성합니다.

Ctrl 키를 누른 채로 마우스를 여러 번 드래그 앤 드롭하면서 위치만 옮깁니다. 그러면 쉽게 도형이 복사가 됩니다.

10. 달콤한 디저트들이 완성되었나요?
[파일] 탭-[다른 이름으로 저장]을 선택하여 본인의 폴더를 선택한 후, 파일 이름을 '파티시에(완성)'을 입력합니다. 이어서, <저장> 단추를 클릭합니다.

CHAPTER 06 연습문제

● 불러올 파일 : 연습하기 01.pptx   ● 완성된 파일 : 6장 연습하기 01(완성).pptx

문제 01   도형들을 이용하여 새콤달콤 시원한 아이스크림을 만들어 봅니다.

도형에 3차원 옵션을 자유롭게 줄 수 있습니다.

[도형 서식] 탭-[도형 스타일] 그룹-[도형 효과]에서 [입체 효과]-[3차원 옵션]을 선택합니다. 이어서, '위쪽 입체'의 너비와 높이에 숫자를 적어주면 효과가 적용됩니다.

CHAPTER 06 파티시에 • 051

CHAPTER 07 네일 아티스트

● 불러올 파일 : 네일 아티스트.pptx   ● 완성된 파일 : 네일 아티스트(완성).pptx

학습목표

- 색 채우기 스포이트를 사용할 수 있습니다.
- 도형 그라데이션 효과를 줄 수 있습니다.

오늘 배울 기능 : 도형 그라데이션 효과 주기, 스포이트로 색 추출하기

완성작품 미리보기

직업 소개

네일 아티스트

사람들의 손, 손톱, 발, 발톱의 건강과 제모 및 미용 관리를 담당하여 케어해주는 일을 합니다. 손과 발이 청결하게 유지되도록 깨끗하게 정돈하여 줍니다. 또한, 손톱과 발톱에 다양한 색의 매니큐어를 여러 도구를 사용하여 창의적인 문양과 색으로 꾸며주는 일을 합니다. 손, 발톱처럼 작은 부위에 개성 있는 그림을 그리기도 하고, 보석이나 장식을 달아주기도 하며, 스티커를 붙여주기도 합니다.

01 스포이트로 색 추출하기

1. [파일] 탭-[열기]-[찾아보기]를 클릭합니다. 이어서, [불러올 파일]-[CHAPTER 07]-'네일 아티스트.pptx'를 선택한 후, <열기> 단추를 클릭하여 파일을 불러옵니다.

2. 아래 그림과 같은 파일이 열립니다. 이어서, 첫 번째 둥근 모서리 사각형을 선택하고 [도형 서식] 탭-[도형 스타일] 그룹에서 [도형 채우기]-[스포이트]를 선택합니다.

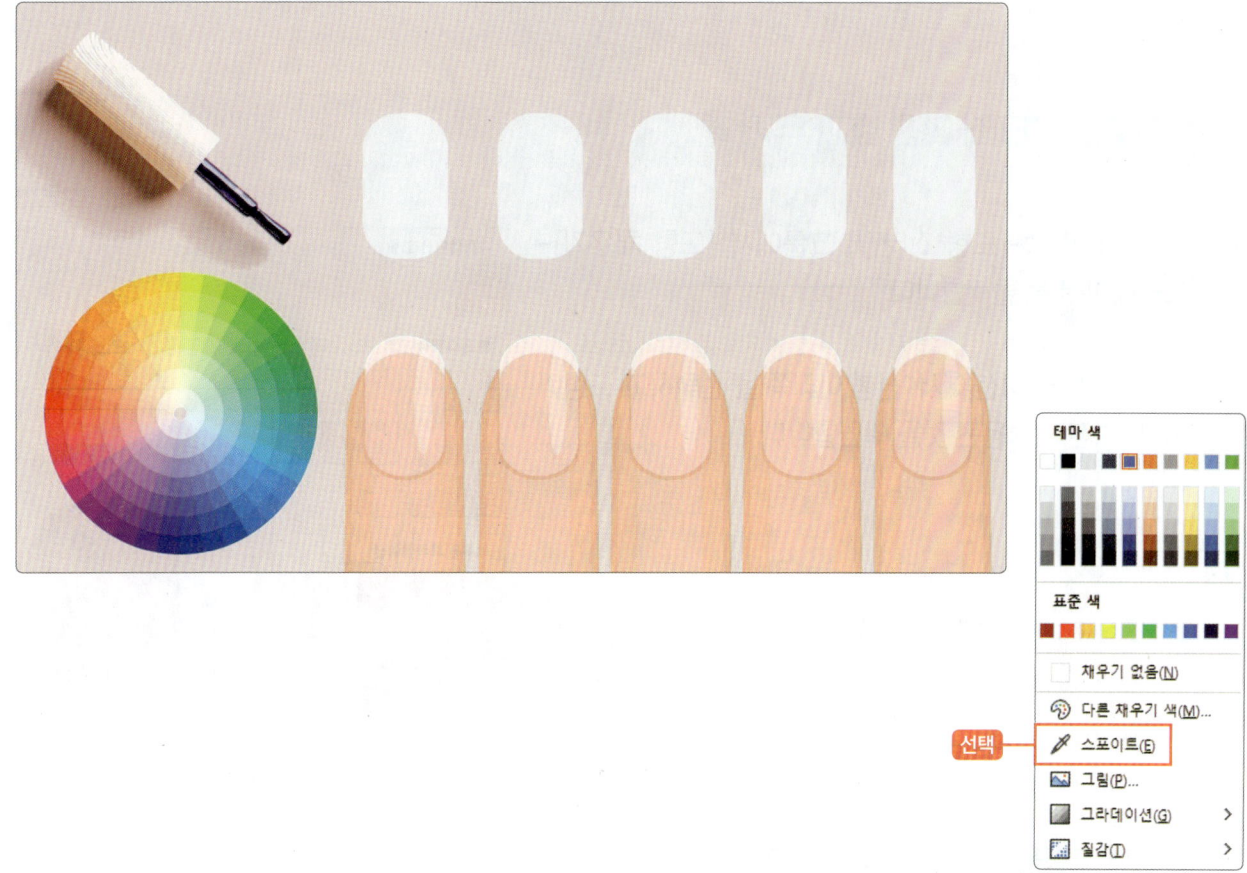

3. 마우스 포인터가 스포이트 모양으로 바뀐 것을 확인하고 팔레트에서 '분홍(237, 5, 114)' 클릭하여 색을 추출합니다.

CHAPTER 07 네일 아티스트 • 053

4. 도형의 색이 다음과 같이 변한 것을 확인합니다.

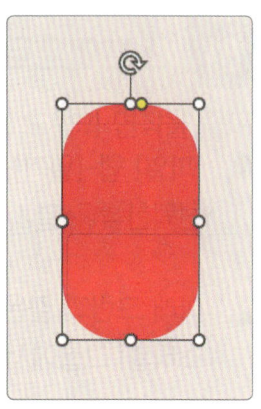

02 도형의 그라데이션 효과 주기

1. [도형 서식] 탭-[도형 스타일] 그룹에서 [도형 채우기]-[그라데이션]을 클릭합니다.

2. [어두운 그라데이션]에서 '선형 아래쪽'을 선택하고 도형이 그라데이션이 적용된 것을 확인합니다.

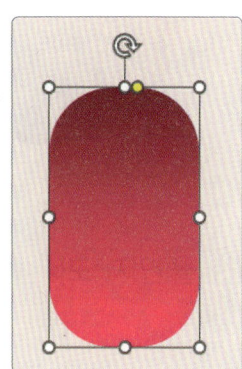

3. 두 번째 도형을 선택한 후, 마우스 오른쪽 단추를 클릭하여 [도형 서식]을 클릭하면 오른쪽에 [도형 서식] 창이 나옵니다.

4. [채우기]-[그라데이션 채우기]를 클릭하고 [그라데이션 중지점]에서 첫 번째 중지점을 클릭한 후, [색]을 선택합니다. 이어서, 스포이트를 선택하여 '주황(253, 171, 62)' 클릭하여 색을 추출합니다.

5. 두 번째, 세 번째 그라데이션 중지점은 삭제합니다.

6. 남은 중지점은 '라임(181, 212, 82)' 클릭하여 색을 추출합니다.

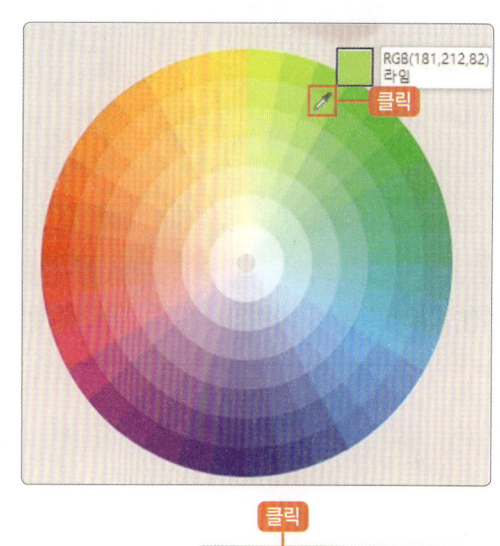

7. 그라데이션의 방향을 선택하여 '선형 아래쪽'을 클릭합니다.

8. 나머지 도형도 아래 표 조건과 같이 색을 변경해 봅니다.

	첫 중지점	마지막 중지점	효과
세 번째 도형	옥색 (4, 152, 224)	황금색 (255, 198, 20)	선형 위쪽
네 번째 도형	자주 (172, 30, 142)	연보라 (201, 134, 187)	선형 왼쪽
다섯 번째 도형	연한 주황 (250, 175, 94)	다홍 (245, 113, 108)	선형대각선- 오른쪽 아래에서 왼쪽 위로

9. 다섯 개의 모서리가 둥근 사각형을 모두 선택합니다.

10. 아래 손톱에 예쁘게 네일을 올려주세요.

11. 네일 아트가 마음에 드시나요?
    [파일] 탭-[다른 이름으로 저장]을 선택하여 본인의 폴더를 선택한 후, 파일 이름을 '네일 아티스트(완성)'을 입력합니다. 이어서, <저장> 단추를 클릭합니다.

CHAPTER 07 연습문제

● 불러올 파일 : 연습하기 01.pptx　● 완성된 파일 : 7장 연습하기 01(완성).pptx

문제 01　최신 유행하는 네일 아트 스타일을 자유롭게 만들어 봅니다.

● 불러올 파일 : 연습하기 02.pptx　● 완성된 파일 : 7장 연습하기 02(완성).pptx

문제 02　귀여운 고양이 친구들에게 멋진 선글라스를 선물해 봅니다.

사이버 범죄 수사관

● 불러올 파일 : 사이버 범죄 수사대.pptx   ● 완성된 파일 : 사이버 범죄 수사대(완성).pptx

- 텍스트를 입력할 수 있습니다.
- 텍스트 서식을 변경할 수 있습니다.

오늘 배울 기능 : 텍스트 삽입하기, 텍스트 서식 변경하기

직업 소개

사이버 범죄 수사대

인터넷 공간에서 일어나는 범죄를 수사하고 범인들을 검거하는 업무를 합니다. 흔히 해킹이나 범죄자의 흔적을 사이버상에서 찾아 IP를 추적하고, 수사에 필요한 증거자료도 사이버 공간에서 찾는 일을 합니다. 사이버 테러를 예방하고 나라의 중요한 기밀을 보호해 줍니다. 악성 댓글이나 허위사실 유포를 단속하기도 합니다. 경찰의 기본 업무인 범죄자 검거뿐 아니라 컴퓨터도 잘 다룰 수 있는 능력도 갖추어야 합니다.

01 텍스트 입력하기

1. [파일] 탭-[열기]-[찾아보기]를 클릭합니다. 이어서, [불러올 파일]-[CHAPTER 08]-'사이버 범죄 수사관.pptx'를 선택한 후, <열기> 단추를 클릭하여 파일을 불러옵니다..

2. 아래 그림과 같은 파일이 열립니다.

3. 토순이의 사진 아래에 악성 댓글이 달렸습니다. 우리가 좋은 댓글로 바꿔봅니다.

4. [삽입] 탭-[텍스트] 그룹에서 [텍스트 상자]-[가로 텍스트 상자 그리기]를 선택합니다.

5. 마우스 포인터가 '┼' 모양으로 변한 것을 확인할 수 있습니다.

6. 첫 번째 댓글 창에 적당한 크기로 드래그합니다.

7. 마우스 커서가 깜빡이면 '우와~! 쫑긋한 귀가 너무 귀엽다 >.<'를 입력합니다.

> 키보드에서 두 개 이상의 글자 혹은 기호가 있는 키의 상단의 글, 기호를 입력할 때 Shift 키를 누른 상태에서 해당 키를 누르면 상단의 글, 기호가 입력됩니다. 영문으로 입력하면 Shift 키를 함께 누르면 대문자로 입력됩니다.

8. 아래의 두 댓글 창에도 텍스트 상자를 그려 텍스트를 입력합니다.

> 우유 빛깔 토순이! 친하게 지내요 ^0^
>
> 건강하게 지내는 것 같아서 보기 좋아요~!

9. 다음과 같이 완성된 것을 확인할 수 있습니다.

02 텍스트 서식 변경하기

1. 첫 번째 댓글 창 텍스트를 모두 드래그하여 선택합니다.

2. 텍스트 상자 옆에 도구 상자가 생긴 걸 확인할 수 있습니다.

글꼴 변경, 글자의 크기(숫자가 클수록 글자가 커져요)를 바꿀 수 있습니다.
진하게, 기울임, 밑줄 버튼을 선택하여 모양을 바꿀 수 있고, 정렬을 바꿀 수 있습니다.
텍스트 강조 색(배경)과 텍스트의 색을 바꿀 수 있습니다.

3. 아래와 같이 '글꼴(휴먼편지체)'에 '글꼴 크기(20pt)'로 '글자 색(보라색)'으로 지정하고 텍스트 서식이 적용된 것을 확인합니다.

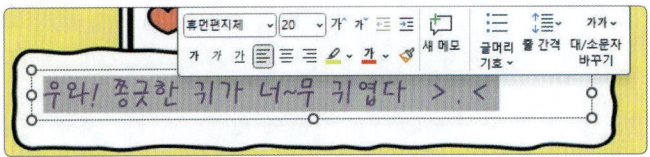

4. 두 번째 댓글 창의 텍스트도 선택한 후, '글꼴(휴먼 둥근 헤드라인체)'에 '글꼴 크기(20pt)'로 '진하게' 설정한 후, '글자 색(초록)'으로 지정하고 텍스트 서식이 적용된 것을 확인합니다.

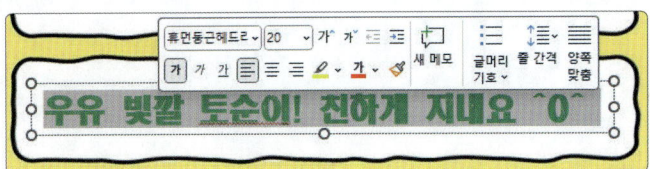

5. 세 번째 댓글 창의 텍스트도 선택한 후, '글꼴(휴먼모음T)'에 '글꼴 크기(20pt)'에 '글자 색(주황)'으로 지정합니다.

6. 세 번째 댓글 창의 텍스트가 선택된 상태에서 [홈] 탭-[글꼴] 그룹에서 [그림자]를 선택합니다.

7. 텍스트 서식이 적용된 것을 확인합니다.

얼굴이 보이지 않은 사이버 공간이라고 하여 남을 비방하거나 상처가 되는 댓글을 쓰는 것은 범죄입니다. 항상 명심하고 에티켓을 지키는 친구가 되도록 약속합니다.

8. [파일] 탭-[다른 이름으로 저장]을 선택하여 본인의 폴더를 선택한 후, 파일 이름을 '사이버 범죄 수사관(완성)'을 입력합니다. 이어서, <저장> 단추를 클릭합니다.

CHAPTER 08 연습문제

● 불러올 파일 : 연습하기 01.pptx   ● 완성된 파일 : 8장 연습하기 01(완성).pptx

문제 01 친구와 즐겁게 지낸 후, 집으로 돌아가는 길에 메시지가 왔습니다. 텍스트 상자를 넣어 친구와 대화를 나눠 봅니다.

● 불러올 파일 : 연습하기 02.pptx   ● 완성된 파일 : 8장 연습하기 02(완성).pptx

문제 02 아래 노랫말을 적어봅니다.

아리랑

아리랑 아리랑 아라리요
아리랑 고개를 넘어간다.

나를 버리고 가시는 님은
십리도 못가서 발병 난다.

아리랑 아리랑 아라리요
아리랑 고개를 넘어간다.

나를 버리고 가시는 님은
십리도 못가서 발병 난다.

약사

● 불러올 파일 : 약사.pptx　●완성된 파일 : 약사(완성).pptx

학습목표

- 워드아트를 삽입할 수 있습니다.
- 워드아트 서식을 변경할 수 있습니다.

오늘 배울 기능 : 워드아트 삽입하기, 워드아트 서식 변경하기

완성작품 미리보기

직업 소개

약사

병원에서 의사가 처방해 준 처방전에 따라 약을 짓고 판매하는 전문가입니다. 약국에서 손님들의 건강 문제를 상담해 주고, 의약품을 판매하기도 합니다. 제약회사나 연구소에서 새로운 약을 연구하고 개발하는 약사도 있습니다.

01 워드아트 삽입하기

1. [파일] 탭-[열기]-[찾아보기]를 클릭합니다. 이어서, [불러올 파일]-[CHAPTER 09]-'약사.pptx'를 선택한 후, <열기> 단추를 클릭하여 파일을 불러옵니다.

2. 다음 그림과 같은 파일이 열립니다.

3. 약국 이름과 약사의 이름이 없습니다. 우리가 넣어볼까요?

4. [삽입] 탭-[텍스트] 그룹에서 [WordArt]를 클릭합니다.

5. '채우기:검정, 텍스트 색 1, 그림자' 워드아트를 선택합니다.

6. 아래와 같이 '필요한 내용을 적으십시오.'라는 메시지가 확인됩니다.

7. '메디컬약국'으로 적고 위치를 옮깁니다.

02 워드아트 서식 변경하기

1. '메디컬약국'을 드래그하여 [홈] 탭-[글꼴] 그룹에서 '글자 크기(80pt)', '굵게'로 바꿉니다.

2. 아래와 같이 '메디컬'만 드래그하여 선택합니다.

3. [도형 서식] 탭-[WordArt 스타일] 그룹에서 [텍스트 채우기]-'표준 색-연한 파랑'을 선택합니다.

4. '메디컬'의 색이 변한 것을 확인할 수 있습니다.

5. '약'을 드래그하여 [도형 서식] 탭-[WordArt 스타일] 그룹에서 [텍스트 채우기]-'표준색-빨강'을 선택합니다. 같은 방법으로 '국'을 드래그하여 '표준색-녹색'을 선택합니다.

6. 윤곽선 두께를 변경하기 위해서 [도형 서식] 탭-[WordArt 스타일] 그룹에서 [텍스트 윤곽선]-'검정, 텍스트 1'을 선택하고 두께는 '2¼pt'를 선택합니다.

7. 다음과 같이 윤곽선이 두껍게 변한 것을 확인할 수 있습니다.

8. [삽입] 탭-[텍스트] 그룹에서 [텍스트 상자]-[WordArt]-'채우기 : 흰색, 윤곽선-파랑, 강조 색 5, 그림자'를 선택합니다. 이어서, 아래와 같은 위치로 이동 후, '약 처방, 제조 전문'이라고 적습니다.

9. 워드아트의 모양을 변환시키기 위해 [도형 서식] 탭-[WordArt 스타일] 그룹에서 [텍스트 효과]-[변환]-'휘기-삼각형: 위로'를 선택합니다.

10. 다음과 같이 워드아트의 위치와 크기를 조절합니다.

11. [삽입] 탭-[텍스트] 그룹에서 [텍스트 상자]-[WordArt]-'채우기:검정, 텍스트 색 1, 그림자' 워드아트를 선택한 후, 다음 그림과 같이 내용을 입력하고 위치를 조정합니다.

12. 워드아트의 네온 효과를 주기 위해 [도형 서식] 탭-[WordArt 스타일] 그룹에서 [텍스트 효과]-[네온]-'네온 : 11pt, 파랑, 강조 5'를 선택합니다.

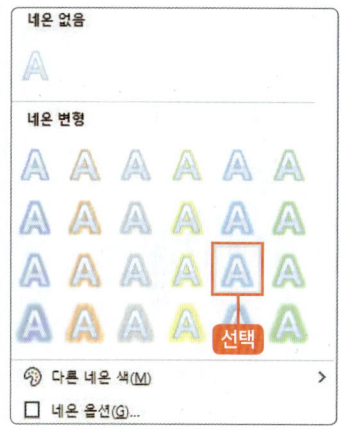

13. 아래와 같이 워드아트에 네온 효과가 주어진 것을 확인할 수 있습니다.

14. 워드아트의 모양을 변환시키기 위해 [도형 서식] 탭-[WordArt 스타일] 그룹에서 [텍스트 효과]-[변환]-'팽창: 아래쪽'을 선택합니다. 이어서, 노란색 조절점을 아래로 내려줍니다.

15. 약봉투가 완성되었나요?
    [파일] 탭-[다른 이름으로 저장]을 선택하여 본인의 폴더를 선택한 후, 파일 이름을 '약사(완성)'을 입력합니다. 이어서, <저장> 단추를 클릭합니다.

CHAPTER 09 연습문제

● 불러올 파일 : 연습하기 01.pptx   ● 완성된 파일 : 9장 연습하기 01(완성).pptx

문제 01   워드아트를 삽입하여 여름철 건강주의 포스터를 만들어 봅니다.

● 불러올 파일 : 연습하기 02.pptx   ● 완성된 파일 : 9장 연습하기 02(완성).pptx

문제 02   워드아트를 삽입하여 현충일을 알리는 포스터를 만들어 봅니다.

기자

● 불러올 파일 : 기자.pptx   ● 완성된 파일 : 기자(완성).pptx

학습목표

- 한글을 한자로 변환할 수 있습니다.
- 기호를 삽입할 수 있습니다.

오늘 배울 기능 : 한자로 변환하기, 기호 삽입하기

직업 소개

기자

우리 주변에 일어나는 다양한 소식과 사건, 사고뿐 아니라 정치, 경제, 의학, 법률, 스포츠, 연예 및 다양한 생활 정보 등을 기사로 작성하거나 신문, 잡지, 라디오, 인터넷, TV 등 매체에 보도하는 일을 합니다. 정확하게 정보를 전달해 주어야 하며, 신속하게 알려주기 위해 사건 및 사고 현장에 취재하기도 합니다.

01 한자로 변환하기

1. [파일] 탭-[열기]-[찾아보기]를 클릭합니다. 이어서, [불러올 파일]-[CHAPTER 10]-'기자.pptx'를 선택한 후, <열기> 단추를 클릭하여 파일을 불러옵니다.

2. 다음 그림과 같은 파일이 열립니다.

3. 오늘의 주요 기사를 적어볼까요?

4. [삽입] 탭-[텍스트] 그룹에서 [WordArt]-'채우기: 검정, 텍스트 색 1, 그림자'를 선택합니다.

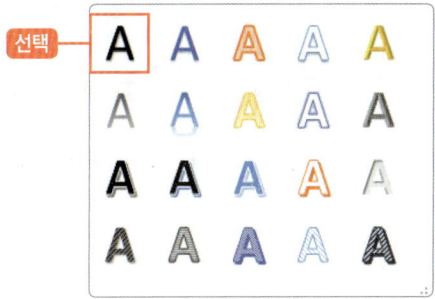

5. '대한민국 금메달 획득!'을 입력한 후, 회전을 하고 다음과 같이 배치합니다.

6. 다음과 같이 '대한민국'만 드래그하고 선택하여 키보드에서 한자 키를 누릅니다.

7. 한자 대화상자에서 '大韓民國'을 선택하면 한자로 자동 변환됩니다.

8. 같은 방법으로 '금'을 드래그하고 키보드에서 한자 키를 눌러 '金'을 선택합니다.

9. 다음과 같이 한자로 변환된 것을 확인합니다.

02 기호 삽입하기

1. '金' 텍스트 앞을 클릭하여 커서를 위치합니다.

2. [삽입] 탭-[기호] 그룹에서 [기호]를 클릭합니다.

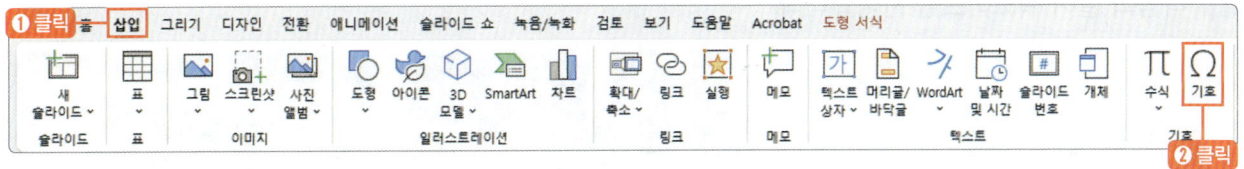

3. '글꼴(현재 글꼴)'을 확인하고 하위 집합에서 '한중일 기호 및 문장 부호'로 선택하여 '『'를 선택합니다. 이어서, <삽입> 단추를 클릭합니다.

4. '金' 텍스트 뒤를 클릭하여 커서를 위치합니다.

5. [하위 집합]에서 '한중일 기호 및 문장 부호'로 선택하여 '』'를 클릭합니다.

6. 워드아트 크기를 조정하기 위해 텍스트를 모두 드래그합니다.

7. [홈] 탭-[글꼴] 그룹에서 '글자 크기를 (48pt)'로 바꿉니다.

8. 다음과 같이 워드아트를 완성합니다.

9. 아래와 같이 신문 기사가 잘 적어졌나요?
   [파일] 탭-[다른 이름으로 저장]을 선택하여 본인의 폴더를 선택한 후, 파일 이름을 '기자(완성)'을 입력합니다. 이어서, <저장> 단추를 클릭합니다.

CHAPTER 10 연습문제

● 불러올 파일 : 연습하기 01.pptx ● 완성된 파일 : 10장 연습하기 01(완성).pptx

문제 01 일~십까지 한자 카드를 만들어 봅니다.

일	이	삼	사	오	육	칠	팔	구	십
一	二	三	四	五	六	七	八	九	十

● 불러올 파일 : 연습하기 02.pptx ● 완성된 파일 : 10장 연습하기 02(완성).pptx

문제 02 십이간지 카드를 만들어 봅니다.

자	축	인	묘	진	사	오	미	신	유	술	해
子	丑	寅	卯	辰	巳	午	未	申	酉	戌	亥

사진작가

● 불러올 파일 : 사진작가.pptx ● 완성된 파일 : 사진작가(완성).pptx

학습목표

- 그림에 꾸밈 효과 및 색 조정을 할 수 있습니다.
- 그림에서 필요한 부분을 자를 수 있습니다.

오늘 배울 기능 : 그림에 꾸밈효과 주기, 투명한 색 지정하기, 이미지 자르기

🔍 완성작품 미리보기

직업 소개

사진작가

사진작가는 촬영 대상을 선정하여 작품 사진을 찍거나 사건 현장에서 보도 사진을 찍습니다. 바닷가, 산, 도시 등의 장소를 활용하기도 하며. 인물이나 상업 목적의 광고사진을 찍는 사진작가도 있습니다. 촬영된 필름을 현상 인화하고, 사진 작품 전시를 위해 촬영 방법과 현상 기술을 연구하는 일을 합니다.

01 그림에 꾸밈 효과 주기

1. [파일] 탭-[열기]-[찾아보기]를 클릭합니다. 이어서, [불러올 파일]-[CHAPTER 11]-'사진작가.pptx'를 선택한 후, <열기> 단추를 클릭하여 파일을 불러옵니다.

2. 다음 그림과 같은 파일이 열립니다.

3. 전시회에 멋진 사진을 넣어볼까요?
[삽입] 탭-[이미지] 그룹에서 [그림]-[이 디바이스]를 선택합니다. 이어서, [그림 삽입] 대화상자가 나오면 [CHAPTER 11]-[사진작가] – [이미지] 폴더를 클릭한 후, '첨성대'를 선택한 다음 <삽입> 단추를 클릭합니다.

TIP

이미지를 크게 보고 싶다면 [그림 삽입] 대화상자의 오른쪽 보기 형식에서 큰 아이콘( ) 버튼을 눌러 이미지를 크게 볼 수 있습니다.

4. 삽입된 '첨성대' 이미지를 첫 번째 액자 틀에 맞춰 크기를 조정합니다.

5. 같은 방법으로 '하늘'과 '바다' 이미지도 삽입하여 크기를 조정합니다.

6. '첨성대' 이미지를 클릭하여 [그림 서식] 탭-[조정] 그룹에서 [꾸밈 효과]-'연필 회색조'를 선택하여 효과를 줍니다.

7. 다음과 같이 효과가 적용된 것을 확인할 수 있습니다.

8. 같은 방식으로 다른 이미지들도 효과를 적용해 봅니다.

하늘 이미지	바다 이미지
'파스텔 부드럽게' 효과	'분필 스케치' 효과

9. 텍스트 상자를 이용하여 액자 밑에 이름표를 작성해 봅니다.(글꼴(휴먼모음T), 글꼴 색(검정))

첨성대 이미지	하늘 이미지	바다 이미지
별이 빛나는 첨성대	파란 하늘	여름 바다

CHAPTER 11 사진작가 ● 081

02 이미지 자르기

1. 반짝이는 전구 이미지를 넣기 위해 [불러올 파일]-[CHAPTER 11]-[사진작가] – [이미지] 폴더에서 '조명'을 선택하여 삽입합니다.

2. [그림 서식] 탭-[크기] 그룹에서 [자르기]를 선택합니다.

3. '전구' 이미지 모서리에 자르기 도구가 적용되면 모서리에 마우스 포인터를 두고 원하는 위치까지 드래그합니다. 이어서, 적당한 크기로 조절이 되면 이미지 외부를 클릭합니다.

03 투명한 색 지정하기

1. 잘린 전구 이미지를 선택하고 [그림 서식] 탭-[조정] 그룹에서 [색]을 선택합니다.

2. [투명한 색 설정]을 클릭하면 마우스 포인터가 마술봉 모양으로 변하면 잘린 이미지의 검은색 배경을 클릭합니다.

3. 전구 이미지의 배경이 투명하게 변하면 다음과 같이 위치와 크기를 조절합니다.

4. 전구 이미지를 클릭한 상태에서 Ctrl + Shift 키를 누르면서 옆으로 드래그하여 복사합니다.

CHAPTER 11 사진작가

5. [소품] – [조명]의 이미지를 삽입하기 위해 [불러올 파일]-[CHAPTER 11]-[사진작가] – [이미지] 폴더에서 '소품'을 선택하여 삽입합니다.

6. [자르기]를 이용하여 아래와 같은 조명 모양의 이미지를 삽입합니다.

7. [투명한 색 설정]을 하여 전구의 배경을 투명하게 만든 후, [그림 서식] 탭-[조정] 그룹에서 [색]-[다시 칠하기] -'황금색, 밝은 강조색 2'를 선택합니다.

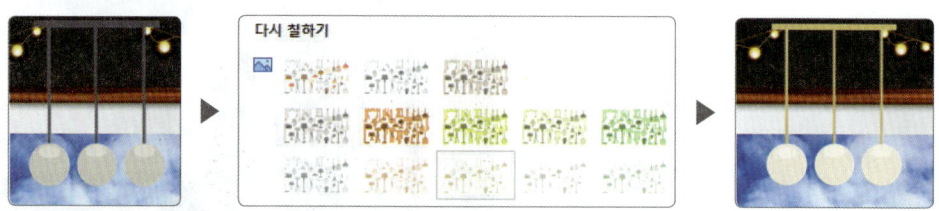

8. 소품-스텐드의 이미지를 삽입하기 위해 [불러올 파일]-[CHAPTER 11]-[사진작가] – [이미지] 폴더에서 '소품'을 선택하여 삽입한 후, 이미지를 자르고 배경색은 투명색으로 지정하여 다음과 같은 위치에 배치해 봅니다.

9. [파일] 탭-[다른 이름으로 저장]을 선택하여 본인의 폴더를 선택한 후, 파일 이름을 '사진작가(완성)'을 입력합니다. 이어서, <저장> 단추를 클릭합니다.

CHAPTER 11 연습문제

● 불러올 파일 : 연습하기 01.pptx   ● 완성된 파일 : 11장 연습하기 01(완성).pptx

문제 01 [연습하기 01] – [이미지] 폴더에서 이미지를 불러와 행복한 순간을 담은 폴라로이드 사진들을 꾸며 봅니다.

● 불러올 파일 : 연습하기 02.pptx   ● 완성된 파일 : 11장 연습하기 02(완성).pptx

문제 02 [연습하기02] – [이미지] 폴더에서 이미지를 불러와 화가의 작품실을 꾸며 봅니다.

크리에이터

- 온라인 그림을 삽입할 수 있습니다.
- 그림의 배경을 제거할 수 있습니다.

오늘 배울 기능 : 테두리 삽입하기, 온라인 그림 삽입하기, 그림 배경 제거하기

직업 소개

크리에이터

창작자. 개발자, 작가 등의 의미로 무엇이든 새롭게 만드는 사람을 크리에이터라 부르지만, 요즘은 일반적으로 동영상을 업로드하는 사람을 '크리에이터'라고 칭합니다. 유튜브나 아프리카TV, 틱톡 등 미디어 플랫폼에 영상 콘텐츠를 만들어 올립니다. 기획 연출뿐 아니라 영상 촬영 및 편집까지 자신만의 아이디어로 창작하는 사람입니다.

01 테두리 삽입하기

1. [파일] 탭-[열기]-[찾아보기]를 클릭합니다. 이어서, [불러올 파일]-[CHAPTER 12]-'크리에이터.pptx'를 선택한 후, <열기> 단추를 클릭하여 파일을 불러옵니다.

2. 다음 그림과 같은 파일이 열립니다.

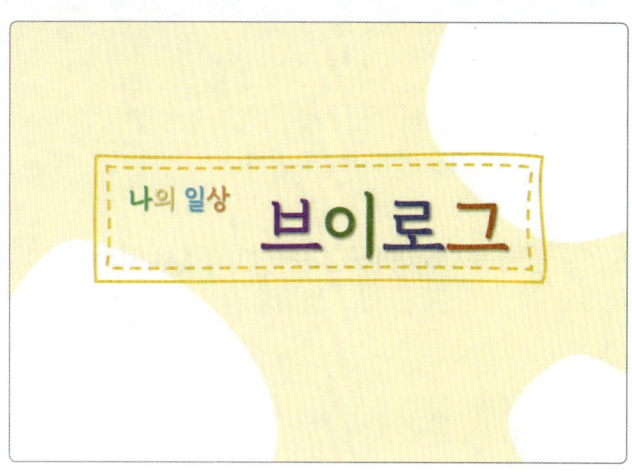

3. 나의 일상을 담은 브이로그의 썸네일을 만들어볼까요? [삽입] 탭-[일러스트레이션] 그룹에서 [도형]-[사각형]-'직사각형'을 선택하여 슬라이드 작업 창에 가득차게 그려줍니다.

4. [도형 서식] 탭-[도형 스타일] 그룹에서 [도형 채우기]-'채우기 없음'을 선택합니다.

CHAPTER 12 크리에이터 • 087

5. '직사각형'의 도형 윤곽선(흰색, 배경1), [도형 윤곽선]-[두께]는 '4½pt'로 선택하고 [도형 윤곽선]-[스케치]에서 '자유곡선'을 선택합니다.

6. 도형을 복사하여 [도형 윤곽선]-[대시]에서 두 번째 '둥근 점선'을 선택합니다.

7. 다음 그림과 같이 도형의 크기를 조정하여 슬라이드에 테두리를 만들어 줍니다.

02 온라인 그림 삽입하기

1. [삽입] 탭-[이미지] 그룹에서 [그림]-[온라인 그림]을 선택합니다. 이어서, [온라인 그림] 대화상자에서 '마카롱'을 검색한 후, 이미지를 선택한 다음 <삽입> 단추를 클릭합니다.
   ※ 온라인 이미지 검색이 안되면 [불러올 파일]-[CHAPTER 12]-'마카롱.png'를 사용합니다.

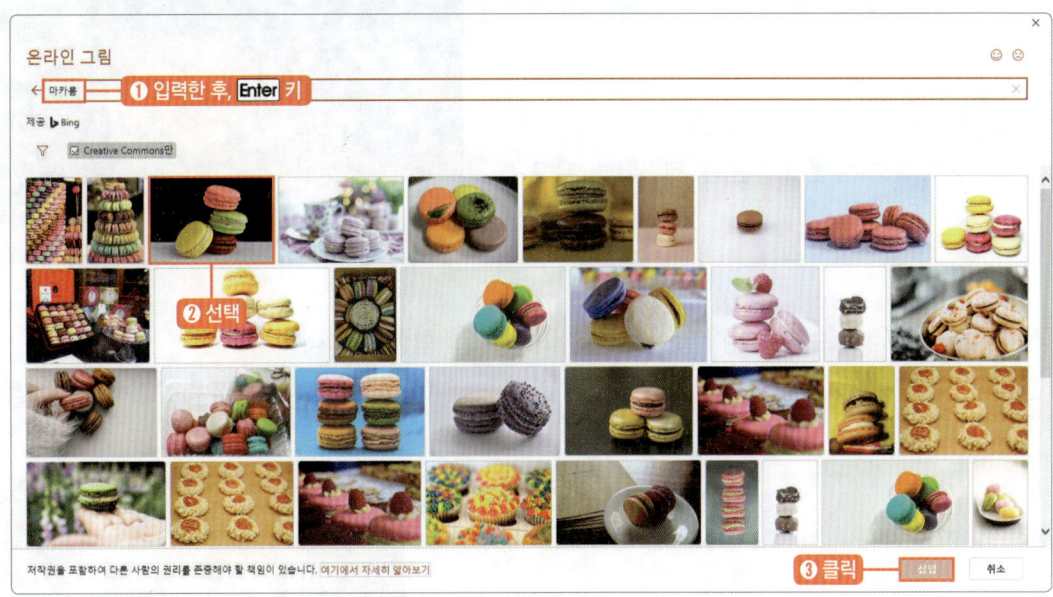

2. 슬라이드에 선택된 이미지가 삽입됩니다.

03 이미지 배경 제거하기

1. 마카롱 이미지를 선택하고 [그림 서식] 탭-[조정] 그룹에서 [배경 제거]를 클릭합니다.

2. 선택된 마카롱 이미지의 배경이 '분홍색'으로 바뀝니다.

> **TIP**
> 분홍색으로 변한 부분은 제거되는 부분입니다.

3. 제거할 영역과 보관할 영역을 클릭해가며 영역을 설정해 줍니다.

4. 영역 설정이 완료되었다면, 이미지의 바깥 부분을 클릭해주면 선택한 이미지의 배경 제거가 완료됩니다.

5. 마카롱 이미지를 회전하기 위해 [그림 서식] 탭-[정렬] 그룹에서 [회전]-'좌우 대칭'을 선택한 후, 크기와 위치를 조정합니다.

6. [삽입] 탭-[이미지] 그룹에서 [그림]-[온라인 그림]을 선택합니다. 이어서, [온라인 그림] 대화상자에서 '피자'를 검색하고 슬라이드에 삽입합니다.
   ※ 온라인 이미지 검색이 안되면 [불러올 파일]-[CHAPTER 12]-'피자.png'를 사용합니다.

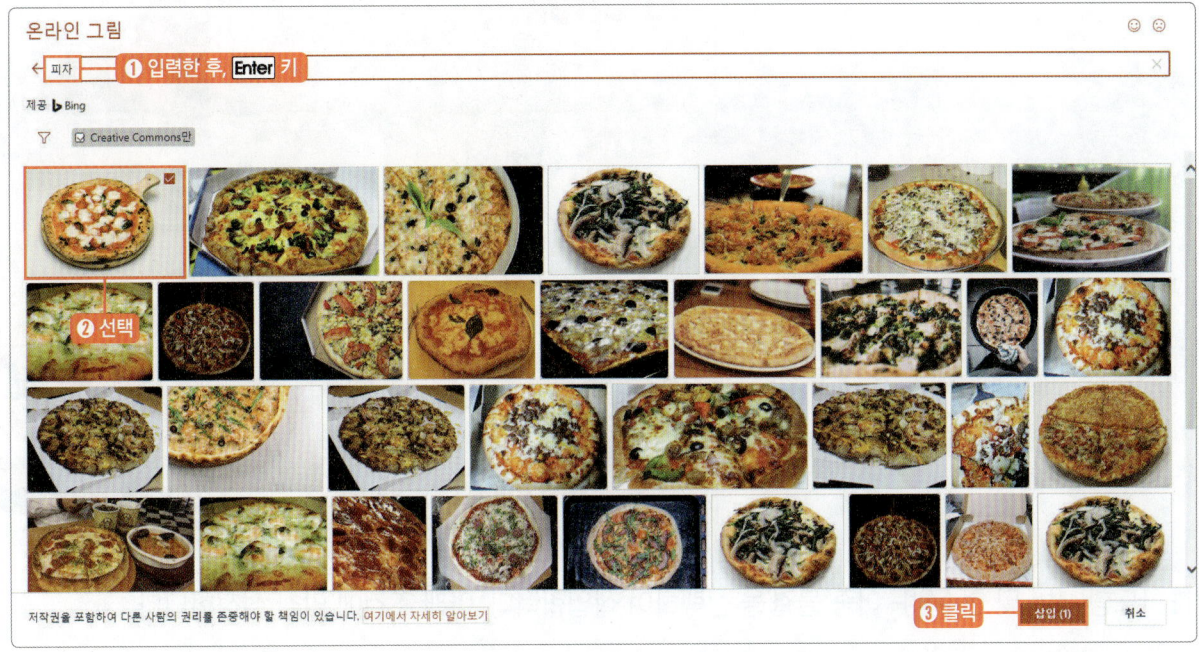

7. 선택한 피자 이미지의 배경을 제거해준 뒤, 알맞은 곳으로 위치를 이동시켜 줍니다.

8. 같은 방법으로 '강아지'를 검색한 후, 배경 제거하여 삽입합니다.

9. 같은 방법으로 'wow'를 검색한 후, 배경 제거하여 삽입합니다.

10. 다음과 같이 이미지들을 배치합니다.

11. [도형]-[별 및 현수막]-'이중 물결'을 선택하여 삽입합니다. 아래 조건에 맞춰 설정합니다.

도형 채우기	도형 윤곽선	도형 효과
연한 노랑	윤곽선 없음	그림자 - 안쪽 : 오른쪽 아래

12. 다음과 같이 도형과 이미지들을 조정하여 완성합니다.

13. 나의 일상을 담은 브이로그 썸네일이 완성되었나요?
[파일] 탭-[다른 이름으로 저장]을 선택하여 본인의 폴더를 선택한 후, 파일 이름을 '크리에이터(완성)'을 입력합니다. 이어서, <저장> 단추를 클릭합니다.

CHAPTER 12 연습문제

● 불러올 파일 : 연습하기 01.pptx   ● 완성된 파일 : 12장 연습하기 01(완성).pptx

문제 01 온라인 그림으로 여행지를 검색하여 여행일기 썸네일을 만들어 봅니다.

● 불러올 파일 : 연습하기 02.pptx   ● 완성된 파일 : 12장 연습하기 02(완성).pptx

문제 02 동네 맛집 소개를 위한 그림을 검색하여 썸네일을 만들어 봅니다.

중간평가 연습문제

● 불러올 파일 : 중간평가 01.pptx   ● 완성된 파일 : 중간평가 01(완성).pptx

문제 01 불이 난 현장에 출동한 소방관들의 모습을 나타내 봅니다.

 작업 순서

1. [중간평가]-[연습하기 01] - [이미지] 폴더에서 필요한 이미지를 불러옵니다.
2. 불러온 이미지에서 원하는 그림을 자르기로 합니다.
3. 배경 제거를 하여 필요한 부분만 나타냅니다.
4. 복사하여 여러 개의 불을 나타냅니다.
5. 온라인 그림에서 '헬기'와 '소방차'를 검색하여 그림을 삽입합니다.
6. 크기 조정하여 다음과 같이 소방관들이 화재 진압하는 현장을 만들어 봅니다.

●불러올 파일 : 중간평가 02.pptx   ●완성된 파일 : 중간평가 02(완성).pptx

문제 02   달콤한 초콜릿을 만들어 봅니다.

 작업 순서

1. '직사각형' 도형에 [입체 효과]를 주어 실감 나는 초콜릿 모양을 만듭니다.

2. 초콜릿 포장지까지 만들어 지면 그룹화하여 크기를 조정합니다.

3. 하트 도형을 삽입한 후, [도형 서식] 탭-[도형 스타일] 그룹-[도형 윤곽선]에서 [입체 효과] -[3차원 옵션]에서 [위쪽 입체] 너비(30pt), 높이(20pt)로 변경해 줍니다.

4. 선이나 도형을 이용해 초콜릿의 장식을 만들어 복사하여 나타냅니다.

5. 다양한 모양의 초콜릿을 자유롭게 만들어 봅니다.

국가대표 선수

● 불러올 파일 : 국가대표 선수.pptx   ● 완성된 파일 : 국가대표 선수(완성).pptx

학습목표

- 배경 서식을 변경할 수 있습니다.
- 그림에 애니메이션 효과를 줄 수 있습니다.
- 슬라이드 쇼를 실행할 수 있습니다.

오늘 배울 기능 : 배경 서식 변경하기, 애니메이션 효과 주기, 슬라이드 쇼 실행하기

완성작품 미리보기

직업소개

국가대표 선수

'국민 체육 진흥법'에서, 대한 체육회, 대한 장애인 체육회 또는 경기 단체가 친선 경기 대회를 제외한 국제 경기 대회에 우리나라의 대표로 파견하기 위하여 선발, 확정한 사람을 칭합니다. 경기에 필요한 육체적, 기술적 훈련을 하고, 경기 대회 기간에는 좋은 기록과 성적을 내기 위해 다른 선수들과 경쟁하게 됩니다. 승리의 짜릿한 순간을 위해 많은 시간을 연습하며 매 순간 힘든 훈련의 과정을 겪습니다.

01 배경 서식 변경하기

1. '국가대표 선수.pptx' 파일을 불러온 다음 체육관 배경을 넣기 위해 첫 번째 슬라이드를 클릭합니다. 이어서, 이미지가 없는 흰 배경에서 마우스 오른쪽 단추를 클릭하고 [배경 서식]을 클릭합니다.

2. [배경 서식] 창에서 [채우기]-[그림 또는 질감 채우기]-[그림 원본]-<삽입> 단추를 클릭한 다음 [파일에서]를 클릭합니다. 이어서, [불러올 파일]-[CHAPTER 13]-[국가대표 선수 이미지] 폴더에서 '강당.jpg' 이미지를 선택하고 <삽입> 단추를 클릭합니다.

3. 나머지 슬라이드의 배경을 한꺼번에 바꾸기 위해 Ctrl 키를 누른 상태에서 '슬라이드 2에서 4 슬라이드'를 클릭합니다. 이어서, 같은 방법으로 '실내 체육관' 이미지를 선택하면 다음과 같이 배경이 모두 바뀐 것을 확인할 수 있습니다.

02 애니메이션 효과 주기

1. 첫 번째 슬라이드에서 '빨간 헬멧 태권도 선수' 이미지를 선택합니다. 이어서, [애니메이션] 탭-[애니메이션] 그룹에서 [추가 나타내기 효과]에서 '선회 비행'을 선택하고 <확인> 단추를 클릭합니다.

2. '파란 헬멧 태권도 선수' 이미지를 선택한 후, [애니메이션] 탭-[애니메이션] 그룹에서 '나타내기-바운드'를 선택합니다. 이어서, [애니메이션] 탭-[미리 보기] 그룹에 '미리 보기'를 선택하여 태권도 선수들의 애니메이션을 미리 볼 수 있습니다.

TIP

[애니메이션] 탭-[미리 보기] 그룹에 '미리 보기'를 선택하면 그 슬라이드에 적용된 애니메이션이 미리 보기가 됩니다.

3. '2 슬라이드'를 선택하고 배드민턴 선수에게 공을 넣어주기 위해 [삽입] 탭-[이미지] 그룹에서 [그림]-[온라인 그림]을 선택한 후, '배드민턴 공'을 검색한 다음 이미지를 삽입합니다. 이어서, '배드민턴 공' 이미지를 슬라이드 화면에 적당한 위치에 이동해 둡니다.

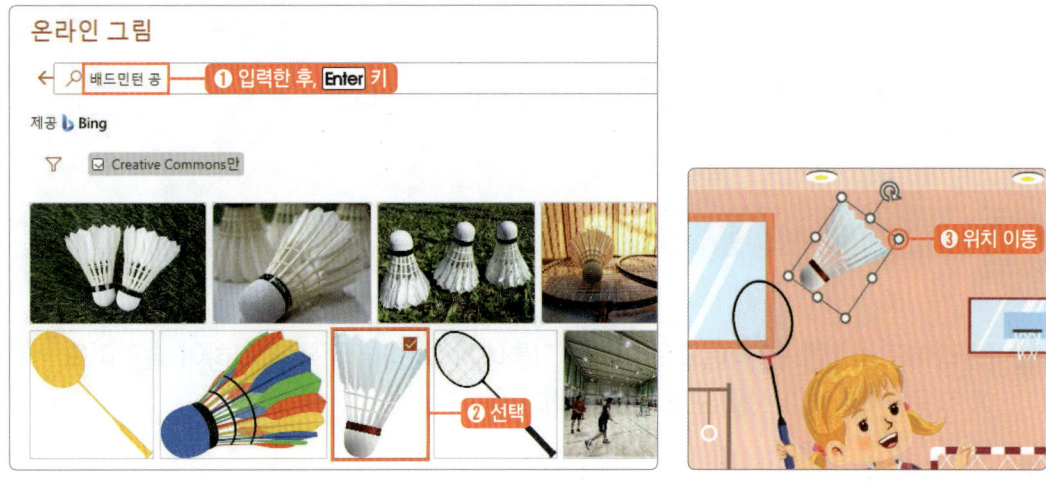

4. '배드민턴 공' 이미지를 움직이게 하기 위하여 [애니메이션] 탭-[애니메이션] 그룹에서 '이동 경로-타원'으로 선택합니다. 이어서, [효과 옵션]에서 '위쪽'을 선택합니다.

5. '배드민턴 공' 이미지가 움직일 수 있는 공간을 넓히기 위해 애니메이션의 이동 경로를 클릭한 다음 조절점을 조정합니다. 그리고 [미리 보기]를 클릭하여 확인 합니다.

6. 같은 방법으로 다음 조건에 맞춰 이미지를 검색한 후, 이미지를 삽입한 다음 애니메이션을 적용합니다.

	검색명	이미지	애니메이션	효과 옵션
세 번째 슬라이드	탁구공		[이동 경로]-[회전]	선형 위쪽
네 번째 슬라이드	배구공		[추가 이동 경로]-[스프링]	경로 방향 바꾸기

7. 공의 애니메이션 경로의 크기를 적당한 크기로 조절합니다.

03 슬라이드 쇼 실행하기

1. [슬라이드 쇼] 탭-[슬라이드 쇼 시작] 그룹에서 [처음부터]를 클릭하여 슬라이드에 적용된 애니메이션을 모두 확인합니다.

> **TIP**
> 슬라이드 쇼 실행을 처음부터 하기 위한 단축키는 F5 키입니다. 그리고, 지정된 슬라이드에서 슬라이드 쇼를 실행시키고 싶을 경우, 원하는 슬라이드를 선택하고 단축키 Ctrl 키 + F5 키를 누릅니다.

2. 완성되었나요? [파일] 탭-[다른 이름으로 저장]을 선택하여 본인의 폴더를 선택한 후, 파일 이름을 '국가 대표 선수(완성)'을 입력합니다. 이어서, <저장> 단추를 클릭합니다.

CHAPTER 13 연습문제

● 불러올 파일 : 연습하기 01.pptx   ● 완성된 파일 : 13장 연습하기 01(완성).pptx

문제 01 트램펄린 타는 아이들을 만들어 슬라이드 쇼를 실행해 봅니다.

① [CHAPTER 13]-[연습하기 01]-[이미지] 폴더에서 배경 그림을 삽입하여 배경을 넣어줍니다.
② [CHAPTER 13]-[연습하기 01]-[이미지] 폴더에서 원하는 아이 그림을 여러 개 삽입합니다.
③ 삽입된 아이 그림에 각각 애니메이션을 적용하여 자유롭게 움직이도록 합니다.
④ 슬라이드 쇼를 실행시켜 봅니다.

● 불러올 파일 : 연습하기 02.pptx   ● 완성된 파일 : 13장 연습하기 02(완성).pptx

문제 02 보드 타는 사람들의 모습을 만들어 슬라이드 쇼를 실행해 봅니다.

① [CHAPTER 13]-[연습하기 02]-[이미지]- '보드 타는 사람' 이미지를 삽입합니다.
② 원하는 사람의 이미지만 자릅니다.
③ 이미지의 배경을 제거하기 위해 [그림 서식] 탭-[조정] 그룹에서 [배경 제거]를 한 다음 크기 조정을 합니다.
④ 이미지에 애니메이션 효과를 지정한 다음 슬라이드 쇼를 실행시켜 봅니다.

드론 조종사

학습목표

- 애니메이션 타이밍을 변경할 수 있습니다.
- 애니메이션을 추가할 수 있습니다.

오늘 배울 기능 : 애니메이션 타이밍 변경하기, 애니메이션 추가하기

완성작품 미리보기

직업 소개

드론 조종사

드론 조종사는 드론을 전문적으로 조종하는 사람입니다. 지상에서 원격조종을 통해 사전에 프로그램된 경로에 따라 자동 또는 반자동으로 드론을 조정합니다. 드론 조정을 하기 위해 항공기 운항에 대한 기본적인 지식과 드론에 대한 관심 그리고 드론 관련 기본적인 지식이 필요합니다. 드론 조종사로 일하려면 교통안전공단에서 초경량(무게 150㎏ 이하의 무인 비행 장치) 비행 장치 비행 자격증을 받아야 합니다. 최근 들어 무인 항공기 드론 관련 산업이 더욱 발전함에 따라 드론 조종사 직업에 관한 관심이 높아지고 있습니다.

01 애니메이션 타이밍 변경하기

1. 드론을 조종해 볼까요?

   '드론 조종사.pptx' 파일을 불러오기를 합니다. 이어서, 드론을 클릭한 다음 [애니메이션] 탭-[애니메이션] 그룹에서 [나타내기]-'올라오기'를 선택합니다.

2. 애니메이션 효과의 재생 시간을 변경하기 위해 [애니메이션] 탭-[타이밍] 그룹에서 [시작]을 '이전 효과와 함께'로 변경합니다. 이어서, [재생 시간]은 '02.00'으로 변경합니다.

   ※ '이전 효과와 함께'로 시작을 설정하면 슬라이드 쇼가 실행되면서 바로 애니메이션이 적용된 것을 확인할 수 있습니다. '클릭할 때'로 설정하면 슬라이스 쇼가 실행이 되어도 바로 애니메이션이 시작되지 않고 클릭하거나 Enter 키나 Space Bar 키를 눌러야 애니메이션이 적용된 것을 확인할 수 있습니다.

02 애니메이션 추가하기

1. 드론에 애니메이션을 추가하기 위해 [애니메이션] 탭-[고급 애니메이션] 그룹에서 [애니메이션 추가]를 클릭합니다.

CHAPTER 14 드론 조종사 • 103

2. 이어서, [이동 경로]-'사용자 지정'을 클릭한 다음 슬라이드에서 드론의 비행 경로를 마우스로 드래그하여 그려줍니다.

   ※ 애니메이션 경로를 끝낼 때에는 더블클릭 또는 Esc 키를 눌러줍니다.

3. 애니메이션 효과의 재생 시간을 변경하기 위해 [애니메이션] 탭-[타이밍] 그룹에서 [시작]을 '이전 효과 다음에'로 변경합니다. 이어서, [재생 시간]-'05.00'으로 변경합니다.

4. '드론' 이미지에 애니메이션을 추가하기 위해 [애니메이션] 탭-[고급 애니메이션] 그룹에서 [애니메이션 추가]를 선택하여 [강조]-'크게/작게'를 선택합니다. 이어서, [효과 옵션]-'매우 작게'를 선택합니다.

5. 애니메이션 효과의 재생 시간을 변경하기 위해 [애니메이션] 탭-[타이밍] 그룹 [시작]-'이전 효과 다음에'로 변경합니다. 이어서, [재생 시간]-'02.00'으로 변경합니다.

6. '드론' 이미지에 애니메이션을 추가하기 위해 [애니메이션] 탭-[고급 애니메이션] 그룹에서 [애니메이션 추가]를 선택하여 [끝내기]-'날아가기'를 선택합니다. 이어서, [효과 옵션]-'아래로'를 선택합니다.

7. 애니메이션 효과의 재생 시간을 변경하기 위해 [애니메이션] 탭-[타이밍] 그룹 [시작]-'이전 효과 다음에'로 변경합니다. 이어서, [재생 시간]-'00.50'으로 변경합니다.

8. '드론을 조종하는 사람' 이미지를 클릭합니다. 이어서, [애니메이션] 탭-[고급 애니메이션] 그룹에서 [애니메이션 추가]를 클릭한 다음 [이동 경로]-'선'을 선택한 후, [효과 옵션]-'왼쪽'을 선택합니다.

9. 애니메이션 효과의 재생 시간을 변경하기 위해 [애니메이션] 탭-[타이밍] 그룹 [시작]-'이전 효과 다음에'로 변경합니다. 이어서, [재생 시간]-'02.00'으로 변경합니다.

10. 말풍선을 만들기 위해 [삽입] 탭-[일러스트레이션] 그룹-[도형]-[설명선]-'모서리가 둥근 사각형' 도형을 삽입합니다. 이어서, [도형 서식] 탭-[도형 스타일] 그룹에서 [색 채우기]-'황금색, 강조 4'를 선택합니다.

11. '드론 조종 테스트 이상 없군. 좋았어!'를 입력하고 글꼴(경기천년제목 Light), 크기(24pt)로 설정합니다.

12. 말풍선을 클릭하고 [애니메이션] 탭-[애니메이션 스타일]에서 [추가 나타내기 효과]- [기본 효과]-'블라인드'를 선택한 후, <확인> 단추를 클릭합니다.

13. 애니메이션 효과의 재생 시간을 변경하기 위해 [애니메이션] 탭-[타이밍] 그룹 [시작]-'이전 효과 다음에'로 변경합니다.

14. 적용된 애니메이션을 확인하기 위해 [슬라이드 쇼] 탭-[슬라이드 쇼 시작] 그룹에서 [처음부터]를 클릭한 후, 슬라이드 쇼를 실행 시켜봅니다.

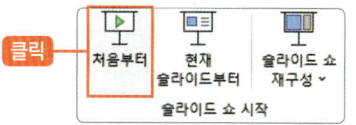

15. 완성되었나요? [파일] 탭-[다른 이름으로 저장]을 선택하여 본인의 폴더를 선택한 후, 파일 이름을 '드론 조종사(완성)'을 입력합니다. 이어서, <저장> 단추를 클릭합니다.

CHAPTER 14 연습문제

● 불러올 파일 : 연습하기 01.pptx   ● 완성된 파일 : 14장 연습하기 01(완성).pptx

문제 01 목적지까지 잘 도착할 수 있도록 애니메이션을 넣어 완성해 봅니다.

① [CHAPTER 14]-[연습하기 01]-[이미지] 폴더에서 원하는 자동차 이미지를 삽입합니다.
② 이미지의 배경을 제거하기 위해 [그림 서식] 탭-[조정] 그룹에서 [색]-'투명한색 설정'을 합니다. 이어서, 원하는 위치에 이미지를 놓습니다.
③ 한 자동차 이미지 위에 [삽입] 탭-[일러스트레이션] 그룹에서 [도형]을 클릭한 다음 [설명선]-'말풍선:타원형'을 삽입한 다음 '출발'을 입력하고 '색 채우기'를 합니다.
④ '말풍선:타원형' 도형에 [애니메이션] 탭에서 [나타내기] 중 하나를 선택합니다. 이어서, [애니메이션 추가]-[끝내기] 중 하나를 선택합니다.
⑤ [애니메이션 추가]-[이동경로]-'사용자 지정'하여 원하는 목적지까지 지정해 줍니다. 이어서, 추가로 애니메이션을 자유롭게 나타냅니다.
⑥ [애니메이션] 탭-[고급 애니메이션] 그룹에서 [애니메이션 창]을 클릭합니다. 이어서, 첫 애니메이션을 제외하고 [타이밍]을 '이전 효과 다음에'로 모두 지정해줍니다.
⑦ 같은 방법으로 다른 자동차도 추가하여 애니메이션을 지정합니다.
⑧ 슬라이드 쇼를 실행하여 작품을 완성해 봅니다.

홀로그램 전문가

●불러올 파일 : 홀로그램 전문가.pptx ●완성된 파일 : 홀로그램 전문가(완성).pptx

- 슬라이드 복제를 할 수 있습니다.
- 화면 전환 효과를 줄 수 있습니다.
- 배경 음악을 넣을 수 있습니다.

오늘 배울 기능 : 슬라이드 복제하기, 화면 전화 효과 주기, 음악 삽입하기

직업 소개

홀로그램 전문가

홀로그램은 3차원 입체영상을 2차원 평면 스크린에 나타내는 것으로 바닥에 쏜 영상이 필름에 반사되어 보이는 기술을 이용한 원리입니다. 실제와 구별이 안 될 정도로 입체적인 영상을 제작하는 사람들이 홀로그램 전문가입니다. 영상이나 공연 등의 문화 콘텐츠에 많이 이용되며 오디오, 영상, 컴퓨터그래픽, 시스템 설계 등의 다양한 분야에 협력하기도 합니다. 최근에는 인공지능 기술과의 접목을 통해 관련 직업이 더 늘어날 것으로 예상됩니다.

01 슬라이드 복제하기

1. '홀로그램 전문가.pptx'를 불러온 다음 세 번째 슬라이드를 복제하기 위해 슬라이드를 선택합니다. 이어서, 마우스 오른쪽 단추를 눌러 '슬라이드 복제'를 두 번 클릭합니다.

슬라이드 복제 단축키를 알아봅니다.
복제할 슬라이드를 선택한 뒤, Ctrl + D 키를 누르면 슬라이드가 복제됩니다.

2. 첫 번째 슬라이드에서 [삽입] 탭-[텍스트] 그룹-[WordArt]-'채우기: 흰색, 윤곽선: 파랑, 강조색 1, 네온: 파랑, 강조색 1'을 선택한 후, 'HOLOGLAM START'를 입력합니다.

3. 입력된 워드아트는 글꼴(HY헤드라인M), 크기(80pt), 진하게, 그림자로 설정해 줍니다.

4. [도형 서식] 탭-[WordArt 스타일] 그룹에서 [텍스트 효과]-[네온]-'네온, 18pt, 파랑, 강조색 1'로 설정해 줍니다.

02 슬라이드 꾸미기

1. 워드아트를 클릭하고 [애니메이션] 탭-[애니메이션] 그룹에서 [나타나기]-'실선 무늬'를 선택 한 후, [타이밍] 그룹에서 [시작]-'이전 효과와 함께'로 정하고 [재생 시간]-'02.00'으로 지정합니다.

2. 애니메이션을 추가하기 위해 [애니메이션] 탭-[고급 애니메이션] 그룹에서 [애니메이션 추가]를 클릭한 다음 [강조]-'물결'을 지정합니다.

3. [애니메이션] 탭-[타이밍] 그룹에서 [시작]-'이전 효과 다음에'로 정하고 [재생 시간]-'00.50'으로 지정합니다.

4. 슬라이드 작업 창에서 세 번째 슬라이드를 클릭합니다.

5. [삽입] 탭-[이미지] 그룹에서 [그림]-[이 디바이스]에서 [불러올 파일]-[CHAPTER 15]-[홀로그램 전문가]-'홀로그램1.jpg'를 삽입하고 다음과 같이 배치합니다.

6. 삽입된 '홀로그램1' 이미지에 [그림 서식] 탭-[그림 조정] 그룹 [투명도]-'투명도: 30%'으로 지정해 줍니다.

7. [삽입] 탭-[일러스트레이션] 그룹 [도형]-[설명선]-'말풍선: 모서리가 둥근 사각형'을 선택하고 '안녕하세요'를 입력합니다. 이어서, 도형의 크기와 말풍선 모양을 조절합니다.

8. [도형 서식] 탭-[도형 스타일] 그룹 [도형 채우기]-'흰색, 배경1', 투명도(50%)로 선택하고 [도형 윤곽선]-'윤곽선 없음'을 선택한 후, [도형 효과]-[네온]-'네온: 18pt, 황금색, 강조색 4'로 지정합니다.

[도형 서식] - [투명도]

도형에서 마우스 오른쪽 단추를 클릭하고 [도형 서식]을 선택한 후, [채우기]에서 [투명도]를 지정할 수 있습니다.

9. '홀로그램1' 이미지를 클릭하고 [애니메이션] 탭-[애니메이션] 그룹에서 [나타내기]-'닦아내기'를 선택합니다. 이어서, [효과 옵션]-'아래에서'로 지정합니다.

10. [애니메이션] 탭-[타이밍] 그룹에서 [시작]-'이전 효과와 함께'로 변경하고 [재생 시간]-'00.50'으로 변경합니다.

11. '모서리가 둥근 사각형'을 선택합니다. 이어서, 애니메이션을 추가하기 위해 [애니메이션] 탭-[고급 애니메이션] 그룹에서 [나타내기]-'실선 무늬'를 지정합니다.

12. 애니메이션 효과의 재생 시간을 변경하기 위해 [애니메이션] 탭-[타이밍] 그룹에서 [시작]-'이전 효과 다음에'로 변경하고 [재생 시간]-'00.50'으로 변경합니다.

13. 같은 방법으로 아래 조건표를 참고하여 네 번째 슬라이드에 작업해 봅니다.
    ※ 도형에 '반가워요!'를 입력

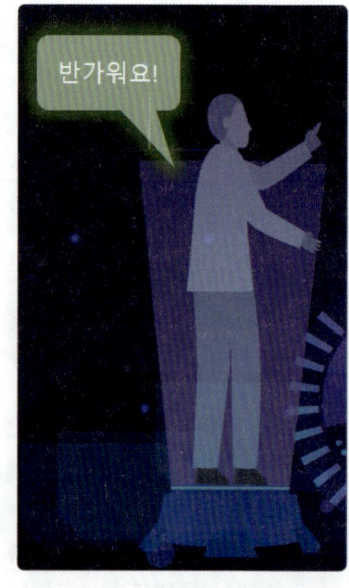

삽입 그림	그림 효과	삽입 도형	도형 채우기	도형 윤곽선	도형 효과
홀로그램2	투명도 30%	말풍선: 모서리가 둥근 사각형	흰색, 배경1 투명도 (50%)	없음	네온 18pt, 녹색, 강조색 6

14. '홀로그램1' 이미지와 동일한 방법으로 다음 표를 참고하여 애니메이션 효과 및 타이밍을 설정합니다.

	홀로그램2	말풍선: 모서리가 둥근 사각형
애니메이션	[나타내기]–'닦아내기'	[추가 나타내기]–'팔랑이며 떨어지기'
타이밍 – 시작	'이전 효과와 함께'	'이전 효과 다음에'

15. 같은 방법으로 아래 조건표를 참고하여 다섯 번째 슬라이드를 작업해 봅니다.
    ※ 도형에 '드디어 우리가 모두 만났네요. 이날을 기다렸어요.'를 입력

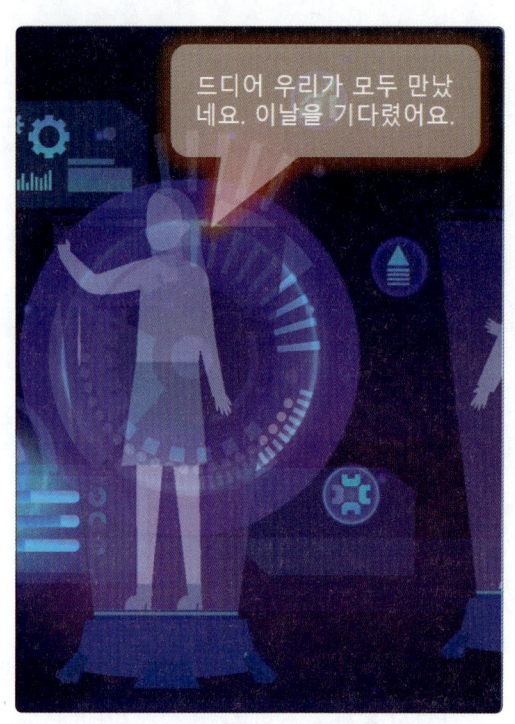

삽입 그림	그림 효과	삽입 도형	도형 채우기	도형 윤곽선	도형 효과
홀로그램3	투명도 30%	말풍선: 모서리가 둥근 사각형	흰색, 배경1 투명도 (50%)	없음	네온 18pt, 주황, 강조색 2

16. '홀로그램2' 이미지와 동일한 방법으로 아래 조건표를 참고하여 애니메이션 효과 및 타이밍을 설정합니다.

	홀로그램3	말풍선:모서리가 둥근 사각형
애니메이션	[나타내기]–'닦아내기'	[나타내기]–'실선무늬'
타이밍 – 시작	'이전 효과와 함께'	'이전 효과 다음에'

03 화면 전환 효과주기

1. 슬라이드 창에서 첫 번째 슬라이드를 클릭합니다. 이어서, [전환] 탭-[슬라이드 화면 전환] 그룹에서 [화려한 효과]-'커튼'을 선택합니다.

2. 각 슬라이드 마다 아래와 같이 화면 전환 효과를 줍니다.

두 번째 슬라이드	세 번째 슬라이드	네 번째 슬라이드	다섯 번째 슬라이드
'블라인드'	'반짝이기'	'조각'	'부서지기'

04 배경 음악 삽입하기

1. [삽입] 탭-[미디어] 그룹에서 [오디오]-[내 PC의 오디오]를 선택합니다.

2. [불러올 파일]-[CHAPTER 15]-[홀로그램 전문가]-'홀로그램 배경 음악' 파일을 선택한 후, 슬라이드에 삽입 시킵니다.

3. [재생] 탭-[오디오 스타일] 그룹에서 '백그라운드에서 재생'을 클릭합니다. 이어서, [오디오 옵션] 그룹에서 [시작]-'자동 실행'으로 설정합니다.

   ※ '백그라운드'에서 재생을 설정할 경우 슬라이드 속에 음악파일 아이콘이 들어가 있지만 슬라이드 쇼가 실행이 되면 음악파일 아이콘의 모습은 감춰지고 노래만 나오게 됩니다.

4. 슬라이드 쇼를 실행시키면 음악이 나오고 화면 전환 효과가 적용된 것을 확인할 수 있습니다.

5. [파일] 탭-[다른 이름으로 저장]을 선택하여 본인의 폴더를 선택한 후, 파일 이름을 '홀로그램 전문가(완성)'을 입력합니다. 이어서, <저장> 단추를 클릭합니다.

CHAPTER 15 연습문제

● 불러올 파일 : 연습하기 01.pptx   ● 완성된 파일 : 15장 연습하기 01(완성).pptx

문제 01 배경 음악과 전환 효과를 넣어 서커스 공연 슬라이드 쇼를 완성해 봅니다.

※ 두 번째, 세 번째 슬라이드는 복제하여 총 5장의 슬라이드를 만듭니다.
※ [불러올 파일]-[연습하기 01]폴더에서 광대를 삽입합니다.
※ 첫 번째 슬라이드에 사회자의 인사말을 삽입합니다.

①   ②   ③

④   ⑤

● 불러올 파일 : 연습하기 02.pptx   ● 완성된 파일 : 15장 연습하기 02(완성).pptx

문제 02 배경 음악과 전환 효과를 넣어 환경 보호 슬라이드 쇼를 완성해 봅니다.

※ 새 프레젠테이션에서 슬라이드를 여러 장 추가하고, [불러올 파일]-[연습하기 02] 폴더에서 그림과 배경 음악을 삽입합니다.

CHAPTER 16 게임 시나리오 작가

● 불러올 파일 : 게임 시나리오 작가.pptx ● 완성된 파일 : 게임 시나리오 작가(완성).pptx

학습목표

- 네온 효과의 옵션을 변경할 수 있습니다.
- SmartArt를 삽입할 수 있습니다
- SmartArt의 서식을 변경할 수 있습니다.

오늘 배울 기능 : 네온 효과 주기, SmartArt 삽입하기, SmartArt 서식 변경하기

완성작품 미리보기

직업 소개

게임 시나리오 작가

게임 시나리오 작가는 게임의 배경이 되는 이야기를 만들며 맵, 캐릭터 등 게임의 전반적인 레이아웃을 결정하게 됩니다. 우리가 게임에 빠져드는 이유는 멋진 캐릭터와 이야기가 있기 때문입니다. 게임 시나리오가 있어야 그것을 바탕으로 프로그램을 짜고 게임 화면도 그릴 수 있답니다. 게임할 때 나오는 대사, 액션, 상황, 이벤트 연출도 담당합니다. 게임 시나리오 작가는 다양한 자료를 읽거나 조사하며, 게임 시장의 동향을 파악하여 새로운 게임 소재를 발굴합니다.

01 네온 효과 옵션 변경하기

1. '게임 시나리오 작가.pptx'를 불러온 다음 [삽입] 탭-[텍스트] 그룹에서 [WordArt]-'채우기: 흰색, 윤곽선: 파랑, 강조색 1, 네온: 파랑, 강조색1'을 선택한 후, 'GAME' 글자를 입력합니다.

2. [도형 서식] 탭-[WordArt 스타일] 그룹에서 [텍스트 채우기]-[다른 채우기 색]-'분홍'을 지정합니다. 이어서, [그라데이션]-'선형 아래쪽'을 지정하고 [텍스트 윤곽선]은 '윤곽선 없음'으로 지정합니다.

3. [도형 서식] 탭-[WordArt 스타일] 그룹에서 [텍스트 효과]-[네온]-[네온 옵션]을 선택한 다음 [색]-'분홍', [크기]-'20pt'로 변경합니다. 이어서, 워드아트 글꼴(굴림), 크기(180pt)으로 변경하고 적당한 위치에 배치합니다.

CHAPTER 16 게임 시나리오 작가 • 117

02 SmartArt 삽입하기

1. [삽입] 탭-[일러스트레이션] 그룹에서 [SmartArt]를 선택한 다음 [계층 구조형]-'계층 구조형'을 선택한 후, <확인> 단추를 클릭합니다.

2. 다음과 같이 SmartArt에 텍스트 창 또는 도형에 글자를 입력합니다.

※ 텍스트 창은 [SmartArt 디자인] 탭-[그래픽 만들기] 그룹에서 '텍스트 창'을 선택하여도 됩니다. 또는, 삽입된 SmartArt 도형의 숨긴 단추를 클릭하여도 됩니다.

텍스트 창 마지막 줄에 Enter 키를 누르면 항목이 추가됩니다. 필요에 따라서 항목은 '수준 올리기' 또는 '수준 내리기'를 이용합니다.

3. 계층 구조형의 내용 중 '게임 사용자'를 클릭 한 다음 [SmartArt 디자인] 탭-[그래픽 만들기] 그룹에서 '오른쪽에서 왼쪽'을 선택합니다.

4. 도형의 자리가 이동된 것을 확인합니다.

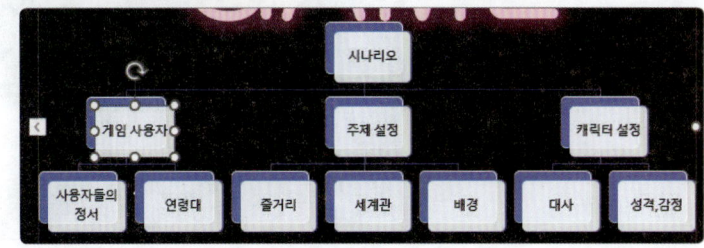

03 SmartArt 서식 변경하기

1. [SmartArt 디자인] 탭-[SmartArt 스타일] 그룹에서 [색 변경]-[색상형]-'색상형 범위 – 강조 3 또는 4'를 선택합니다.

2. [SmartArt 디자인] 탭-[SmartArt 스타일] 그룹에서 [3차원]-'경사'를 선택합니다.

3. 다음과 같이 스마트 아트의 전체 테두리를 조절하여 알맞게 배치합니다.

4. [파일] 탭-[다른 이름으로 저장]을 선택하여 본인의 폴더를 선택한 후, 파일 이름을 '게임 시나리오 작가(완성)'을 입력합니다. 이어서, <저장> 단추를 클릭합니다.

CHAPTER 16 연습문제

● 불러올 파일 : 연습하기 01.pptx   ● 완성된 파일 : 16장 연습하기 01(완성).pptx

문제 01 임산부가 먹어서 좋은 음식을 알아봅니다.

멸치	칼슘
시금치	각종 비타민과 엽산
키위	엽산
두부	단백질, 비타민, 칼슘

① [삽입] 탭-[일러스트레이션] 그룹에서 [SmartAr]-[목록형]-'세로 곡선 목록형'을 삽입 한 후, 위의 표 내용을 입력합니다.

② '원형' 도형을 온라인 그림으로 이미지를 검색하여 채우기 합니다.

③ [삽입] 탭-[일러스트레이션] 그룹에서 [WordArt] 삽입한 후, '태아에게 좋은 음식'을 입력하고 변환 효과를 적용시킵니다.

● 불러올 파일 : 연습하기 02.pptx   ● 완성된 파일 : 16장 연습하기 02(완성).pptx

문제 02 어떤 재료를 넣을까요? 딸기 라떼 음료 레시피를 만들어 봅니다.

※ [삽입] 탭-[일러스트레이션] 그룹에서 [SmartAr]-[관계형]-'깔대기형' 삽입

꿀	honey
딸기	strawberry
우유	milk
달콤 딸기 라떼	

CHAPTER 17 영양사

● 불러올 파일 : 영양사.pptx   ● 완성된 파일 : 영양사(완성).pptx

학습목표

- 표 삽입을 할 수 있습니다.
- 표 스타일을 적용할 수 있습니다.
- 서식 복사를 할 수 있습니다.

오늘 배울 기능 : 표 삽입하기, 표 스타일 적용, 서식 복사하기

완성작품 미리보기

직업소개

영양사

영양사는 지속적으로 영양 지식과 기술의 습득으로 전문능력을 향상시켜 국민 영양 개선 및 건강 증진을 위하여 노력하는 일을 합니다. 식단에 필요한 양을 산출하여 재료를 구하고, 재료의 품질 상태 및 조리 방법을 확인합니다. 식품의 신선도와 함유 열량을 계산하고 섭취해야 할 영양소의 양을 분석하기도 합니다.

01 표 삽입하기

1. '영양사.pptx'를 불러온 다음 [삽입] 탭-[표] 그룹에서 [표(▥)]를 선택합니다.

2. 가로(1), 세로(5) 칸을 드래그해서 표를 만듭니다.

TIP

[삽입] 탭-[표] 그룹-[표]-[표 삽입]을 클릭한 다음 [표 삽입] 대화상자가 나오면 열 개수와 행 개수를 입력한 후, <확인> 단추를 클릭하여 표를 삽입하는 방법도 있습니다.
– 가로(행), 세로(열)

3. [레이아웃] 탭-[표 크기] 그룹에서 높이(13cm), 너비(7.5cm)로 변경합니다. 이어서, 아래의 그림을 참고하여 표의 위치도 조절합니다.
   - 표 모서리의 크기 조절점으로 조절하여도 됩니다.

CHAPTER 17 영양사 • 123

4. 표를 복사하기 위해서 표의 테두리에 마우스를 가져간 다음 Ctrl + Shift 키를 누르면서 오른쪽으로 드래그합니다. 총 3개의 표를 만들어 줍니다.

02 표 스타일 적용하기

1. 왼쪽 첫 번째 표를 선택하고 [테이블 디자인] 탭-[표 스타일] 그룹에서 자세히 단추(▼)를 클릭하여 '보통 스타일 2, 강조 4'를 선택합니다.

2. 다음과 같이 표 스타일을 모두 바꿔줍니다.
   - '보통스타일 2-강조 2' 와 '보통스타일 2-강조 6'

3. 다음 그림과 같이 내용을 입력합니다.

03 서식 복사하기

1. 표 테두리를 선택한 상태에서 [레이아웃] 탭-[맞춤] 그룹 '세로 가운데 맞춤'을 클릭한 다음 '가운데 맞춤'을 클릭합니다. 같은 방법으로 나머지 표도 정렬을 합니다.

2. 표 테두리를 선택한 상태에서 [홈] 탭-[글꼴] 그룹에서 글꼴(휴먼엑스포)를 지정합니다. 이어서, 첫 번째 표의 첫 행은 크기(32pt), 그림자로 지정하고 나머지 행은 크기(25pt), '황금색 강조 4, 25% 더 어둡게'로 지정합니다.

3. 첫 번째 표의 첫 번째 행 '탄수화물'을 클릭하고 [홈] 탭-[클립보드] 그룹에서 '서식 복사'를 선택합니다.

4. 마우스 포인터의 모양이 빗자루 모양으로 바뀐 것을 확인할 수 있습니다. 이어서, 두 번째 표의 첫 번째 행 '단백질'을 드래그합니다. 같은 방법으로 '지방' 글자도 서식을 변경합니다.

5. 첫 번째 표의 2~5번의 행을 드래그 합니다. 이어서, [홈] 탭-[클립보드] 그룹에서 '서식 복사'를 선택하여 나머지 표의 2~5번 행들을 서식 복사하여 아래와 같이 변경합니다.

6. 두 번째 표의 2~5번의 행은 글자 색(주황, 강조 2, 25% 더 어둡게)로 설정하고, 세 번째 표의 2~5번의 행은 글자 색(녹색, 강조 6, 25% 더 어둡게)로 설정합니다.

7. [파일] 탭-[다른 이름으로 저장]을 선택하여 본인의 폴더를 선택한 후, 파일 이름을 '영양사(완성)'을 입력합니다. 이어서, <저장> 단추를 클릭합니다.

CHAPTER 17 연습문제

● 불러올 파일 : 연습하기 01.pptx   ● 완성된 파일 : 17장 연습하기 01(완성).pptx

문제 01 아래의 조건을 참고하여 완성해 봅니다.

① [삽입] 탭-[표] 그룹에서 [표]를 선택하여 1×2 표를 3개 삽입한 후, 위치와 크기를 알맞게 조절 합니다.

② [테이블 디자인] 탭-[표 스타일] 그룹에서 <자세히> 단추를 클릭하여 원하는 스타일을 적용합니다.

③ 내용을 입력합니다.

④ 첫 번째 행 : 글꼴(휴먼모음T), 크기(22pt), 굵게, 그림자, 글자 색(흰색,배경1)을 적용합니다.

⑤ 첫 번째 행을 서식 복사 하여 나머지 표의 첫 번째 행을 서식 변경합니다.

⑥ 두 번째 행을 글꼴(휴먼모음T), 크기(18pt), '검정'을 적용합니다.

⑦ 두 번째 행을 서식 복사 하여 나머지 표의 두 번째 행을 서식 변경합니다.

⑧ 온라인 그림으로 '양배추', '파프리카', '토마토'를 검색하여 삽입한 후, 배경을 제거하여 그림만 적당한 위치에 넣습니다.

반려 동물 관리사

CHAPTER 18

● 불러올 파일 : 반려 동물 관리사.pptx ● 완성된 파일 : 반려 동물 관리사(완성).pptx

학습목표

- 표의 서식을 변경할 수 있습니다.
- 표 병합·분할을 할 수 있습니다.
- 표 테두리을 변경할 수 있습니다.

오늘 배울 기능 : 표 병합·분할하기, 표 속성 변경하기, 표 테두리 변경하기

완성작품 미리보기

직업 소개

반려 동물 관리사

기본적으로 동물들에게 음식과 물을 주고, 사용하는 장비와 동물의 생활 공간을 깨끗하게 유지시켜주는 일을 하며, 동물을 모니터링하고 식습관, 신체 상태 및 행동에 대한 세부사항을 기록합니다. 질병 또는 부상의 징후를 검사하고 운동을 시키며 목욕을 시키는 등 반려동물을 체계적으로 돌봐주는 일을 합니다. 대부분 관련 분야에 학사학위가 필요하며 꾸준히 동물들에 대해 연구하고 동물들에게 도움이 되도록 노력해야 하는 직업입니다.

01 표 서식 변경하기

1. [파일] 탭-[열기]-[찾아보기]를 클릭합니다. 이어서, [불러올 파일]-[CHAPTER 18]-'반려 동물 관리사.pptx'를 선택한 후, <열기> 단추를 클릭하여 파일을 불러옵니다.

2. [삽입] 탭-[표] 그룹에서 [표]-[표 삽입]을 클릭하여 열 개수(3), 행 개수(4) 표를 만듭니다.

3. 다음 그림과 같이 적당한 위치에 크기를 조절합니다.

4. [테이블 디자인] 탭-[표 스타일 옵션] 그룹에서 '머리글 행'과 '첫째 열'만 체크 표시 하여 서식을 변경합니다.

5. 표 테두리를 클릭한 상태에서 [테이블 디자인] 탭-[표 스타일] 그룹에서 자세히 단추(▼)를 클릭하여 '보통 스타일 3, 강조 6'을 선택합니다.

02 셀 병합·분할 하기

1. 네 번째 행의 두 번째, 세 번째를 영역지정 후 [레이아웃] 탭-[병합] 그룹에서 [셀 분할] 을 선택합니다.

2. 이어서 열 개수(2), 행 개수(1)을 지정하고 <확인> 단추를 클릭합니다. 다음과 같이 셀이 분할된 것을 확인할 수 있습니다.

3. 첫 번째 열의 세 번째 행, 네 번째 행을 영역지정 후 [레이아웃] 탭-[병합] 그룹에서 [셀 병합] 을 선택합니다. 아래와 같이 셀이 병합된 것을 확인할 수 있습니다.

TIP
셀 병합이나 분할을 원하는 셀을 클릭하거나 범위를 지정한 다음 마우스 오른쪽 단추를 클릭하여 [셀 병합] 또는 [셀 분할]을 클릭하여도 됩니다.

03 표 테두리 변경하기

1. 표 전체를 드래그하여 범위를 지정한 후, [테이블 디자인] 탭-[테두리 그리기] 그룹에서 [선 스타일]-'실선', 굵기(1pt)를 지정하고 [표 스타일] 그룹에서 바깥쪽 테두리를 선택합니다.

2. 이어서, [테이블 디자인] 탭-[테두리 그리기] 그룹에서 선 스타일(점선), 굵기(1pt)를 지정하고 [표 스타일] 그룹에서 '안쪽 테두리'를 선택합니다. 아래의 그림과 같이 테두리가 변경된 것을 확인할 수 있습니다.

3. 아래의 내용을 입력하고 각 열의 크기를 조절합니다.

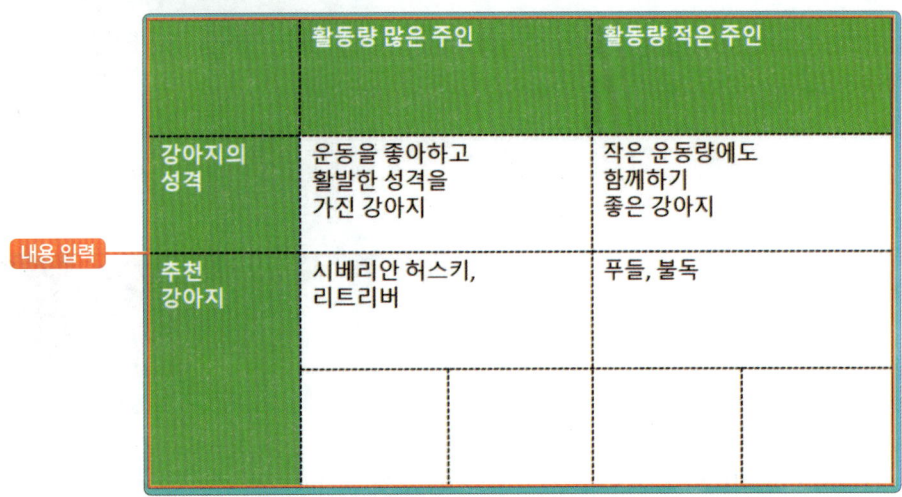

4. 표 전체를 영역지정한 후, [홈] 탭-[글꼴] 그룹에서 글꼴(휴먼매직체), 크기(18pt), '굵게'를 지정합니다. 이어서, [단락] 그룹에서 '세로 중간', '가운데 맞춤'을 설정합니다.

5. 표의 마지막 행에 강아지들의 사진을 넣기 위해 빈 셀에 마우스를 클릭한 후, [테이블 디자인] 탭-[표 스타일] 그룹에서 [음영]-[그림]에서 [온라인 그림] – '시베리안 허스키'를 찾아 검색합니다.
   ※ 온라인 그림에서 강아지를 검색한 다음 마음에 드는 이미지를 넣어봅니다.

6. 같은 방법으로 다른 강아지도 검색하여 이미지 채우기를 해줍니다.

7. [삽입] 탭-[이미지] 그룹에서 [그림]-[이 디바이스]를 선택합니다. 이어서, [불러올 파일]에서 [반려 동물 관리사 이미지] 폴더을 클릭한 다음 마음에 드는 강아지 이미지를 선택한 후, 삽입 시킵니다.

8. 불러온 이미지를 클릭하여 [그림 서식] 탭-[크기] 그룹에서 '자르기'하여 원하는 모양의 강아지를 자르기를 합니다. 이어서, [색 조정] 그룹에서 [색] – '투명한 색 설정'을 선택하고 강아지의 배경을 클릭합니다.

9. [그림 서식] 탭-[그림 스타일] 그룹에서 [그림 효과]-[그림자]-'안쪽: 왼쪽 위'를 클릭하여 그림에 효과를 줍니다. 같은 방법으로 원하는 그림을 넣어 슬라이드를 꾸며줍니다.

10. [파일]탭-[다른 이름으로 저장]을 선택하여 본인의 폴더를 선택한 후, 파일 이름을 '반려 동물 관리사(완성)'을 입력합니다. 이어서, <저장> 단추를 클릭합니다.

CHAPTER 18 연습문제

● 불러올 파일 : 연습하기 01.pptx   ● 완성된 파일 : 18장 연습하기 01(완성).pptx

문제 01 아래의 조건을 참고하여 완성해 봅니다.

① [삽입] 탭-[표] 그룹에서 [표]를 선택하여 4×4 표를 삽입한 후, 위치와 크기를 알맞게 조절합니다.
② 위의 그림을 참고하여 필요한 부분을 병합하고 내용을 입력합니다.
③ 표 테두리를 선택한 상태에서 [레이아웃] 탭-[맞춤] 그룹에서 '세로 가운데 맞춤'을 클릭합니다. 이어서, '가운데 맞춤'을 클릭합니다.
④ '빨간색 튤립', '노란색 튤립', '분홍색 튤립', '주황색 튤립'을 셀에 색을 넣어주기 위해 [테이블 디자인] 탭-[표 스타일] 그룹에서 [채우기]-'빨강, 노랑, 분홍, 주황'을 각각 선택해 줍니다.
⑤ 꽃 그림을 넣어주기 위해 [테이블 디자인] 탭-[표 스타일] 그룹에서 [음영]-[그림]-[온라인 그림]을 선택한 후, '빨간색 튤립', '노란색 튤립', '분홍색 튤립', '주황색 튤립'을 검색하여 넣어줍니다.
⑥ [테이블 디자인] 탭-[테이블 그리기] 그룹에서 [펜 색]-'녹색, 강조 6, 25% 더 밝게'를 지정한 후, 3pt를 선택한 다음 '바깥쪽 테두리'를 지정하고, 1pt, 점선을 선택하여 '안쪽 테두리'를 지정합니다.

문화 관광 해설가

CHAPTER 19

● 불러올 파일 : 문화 관광 해설가.pptx ● 완성된 파일 : 문화 관광 해설가(완성).pptx

학습목표

- 텍스트와 그림을 삽입할 수 있습니다.
- 하이퍼링크를 삽입할 수 있습니다.

오늘 배울 기능 : 텍스트 및 그림 삽입하기, 하이퍼링크 삽입하기

완성작품 미리보기

직업 소개

문화 관광 해설가

'문화 관광 해설사'는 단순 안내만을 담당하는 가이드와 달리, 관광객들에게 우리의 문화 유산이 올바르고 이해하기 쉽게 전달될 수 있도록 설명하는 전문 해설가입니다. 관광객이 우리 고유의 문화유산이나 관광자원, 풍습, 생태환경, 해당 지역의 역사나 문화를 쉽게 이해할 수 있도록 해설하고, 생활문화를 체험할 수 있도록 돕는 역할을 합니다.

01 텍스트 및 그림을 삽입하기

1. [파일] 탭-[열기]-[찾아보기]를 클릭합니다. 이어서, [불러올 파일]-[CHAPTER 19]-'문화 관광 해설가.pptx'를 선택한 후, <열기> 단추를 클릭하여 파일을 불러옵니다.

2. 두 번째 슬라이드부터 다섯 번째 슬라이드에 아래와 같이 [삽입] 탭-[텍스트] 그룹에서 [텍스트 상자]-'가로 텍스트 상자 그리기'를 선택하여 텍스트 범위를 지정합니다.
   - 글꼴(HY궁서B), 크기(24pt)로 설정

두 번째 슬라이드	세 번째 슬라이드
서울 종로에 위치한 조선 왕조의 법궁	서울 중심부에 위치해 360도 전 방향으로 서울 시내를 훤히 내려다 볼 수 있는 관광명소
네 번째 슬라이드	다섯 번째 슬라이드
경주시에 있는 삼국시대 신라 시기의 천문관측소로 국보로 지정됨	거대한 규모의 화산으로 제주도의 화산 활동에 의해 형성된 화산

3. 두 번째 슬라이드를 선택합니다. 이어서, 그림을 삽입하기 위해 [삽입] 탭-[이미지] 그룹에서 [그림]을 선택하고 [온라인 그림]을 선택하여 '경복궁'을 검색한 다음 이미지를 삽입합니다.

4. 같은 방법으로 나머지 슬라이드에 그림을 검색하여 삽입합니다.
   ※ 세 번째 슬라이드 : 남산 서울 타워, 네 번째 슬라이드 : 첨성대, 다섯 번째 슬라이드 : 한라산을 검색하여 이미지를 삽입합니다.

02 하이퍼링크 삽입하기

1. 두 번째 슬라이드에서 '경복궁' 이미지를 클릭합니다. 이어서, [삽입] 탭-[링크] 그룹에서 [링크]를 클릭합니다.

'경복궁' 이미지를 클릭한 후, 마우스 오른쪽 단추를 클릭하여 '하이퍼링크'를 선택하여도 됩니다.

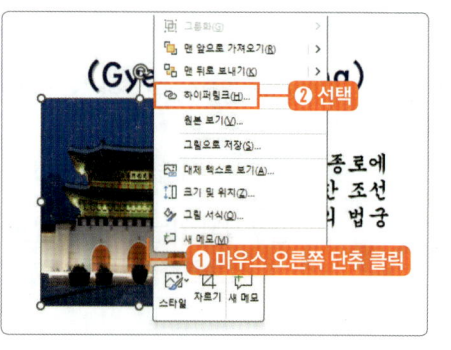

2. 하이퍼링크 삽입 대화상자가 나오면 [현재 문서]-'슬라이드 2'를 선택하고 <확인> 단추를 클릭합니다.

3. 같은 방법으로 아래 조건에 맞게 이미지들과 슬라이드를 하이퍼링크를 연결해 줍니다.

이미지	하이퍼링크
남산 서울 타워	슬라이드 3
첨성대	슬라이드 4
한라산	슬라이드 5

4. 두 번째 슬라이드에서 '경복궁' 이미지와 '경복궁' 웹사이트를 연결하기 위해 인터넷에서 포털 검색 사이트를 검색한 다음 '경복궁'을 검색합니다.

5. 검색하여 나온 웹사이트를 클릭하여 홈페이지를 엽니다. 이어서, 홈페이지 주소를 복사합니다.
   - '문화재청 궁능유적본부 경복궁관리소' 사이트(https://www.royalpalace.go.kr/)를 직접 검색하여도 됩니다.

6. 두 번째 슬라이드 '경복궁' 이미지를 클릭하여 [삽입] 탭-[링크] 그룹에서 [링크]-'기존 파일/웹 페이지'를 클릭합니다. 이어서, 주소 창에 붙여넣기 한 후, <확인> 단추를 클릭합니다.

7. 같은 방법으로 아래의 조건에 맞게 하이퍼링크를 합니다.
   ※ [CHAPTER 19]-[불러올 파일]-'하이퍼링크 주소.txt' 파일 참조

남산 서울 타워	https://www.seoultower.co.kr/
첨성대	https://www.heritage.go.kr/heri/cul/culSelectDetail.do?pageNo=1_1_2_0&ccbaCpno=1113700310000 문화재청 국가 문화 유산 포털 – 문화재 검색 – 첨성대
한라산	https://jeju.go.kr/hallasan/index.htm

8. 두 번째 슬라이드에 있는 '체크 버튼' 이미지를 클릭한 다음 [삽입] 탭-[링크] 그룹에서 [링크]-[현재 문서]-'슬라이드 1'을 선택하고 <확인> 단추를 클릭합니다.

9. 같은 방법으로 세 번째 슬라이드 ~ 다섯 번째 슬라이드에도 '체크 버튼' 이미지에 하이퍼링크를 '슬라이드 1'로 삽입합니다.

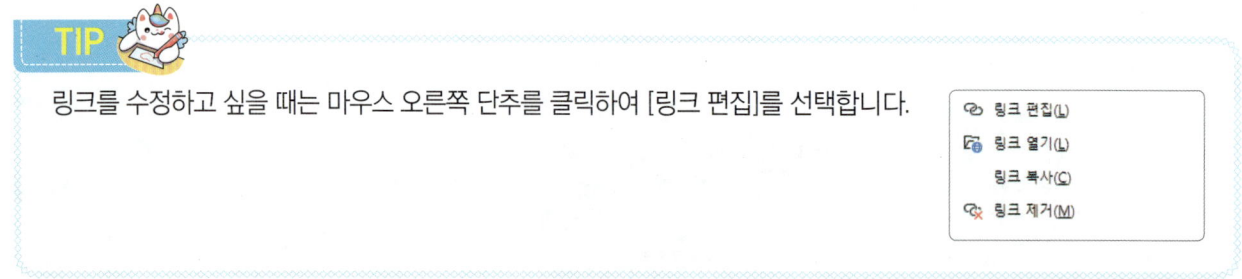

TIP
링크를 수정하고 싶을 때는 마우스 오른쪽 단추를 클릭하여 [링크 편집]를 선택합니다.

10. 각 슬라이드 속 이미지에 하이퍼링크가 잘 되었는지 확인해 보기 위해 [슬라이드 쇼] 탭-[슬라이드 쇼 시작] 그룹에서 '처음부터'를 클릭하여 슬라이드 쇼를 실행합니다.
    ※ 슬라이드 쇼 실행의 단축키 F5 키를 누르면 슬라이드 쇼가 실행됩니다.

11. [파일] 탭-[다른 이름으로 저장]을 선택하여 본인의 폴더를 선택한 후, 파일 이름을 '문화 관광 해설가(완성)'을 입력합니다. 이어서, <저장> 단추를 클릭합니다.

CHAPTER 19 연습문제

● 불러올 파일 : 연습하기 01.pptx   ● 완성된 파일 : 19장 연습하기 01(완성).pptx

문제 01 아래의 조건을 참고하여 완성해 봅니다.

① 도형을 클릭하여 [도형 서식] 탭-[도형 스타일] 그룹에서 '도형 스타일'을 바꿔줍니다.
② '국립 중앙 박물관', '국립 부여 박물관', '국립 경주 박물관', '국립 김해 박물관', '국립 제주 박물관'을 적습니다.
③ 인터넷 검색 창에서 박물관을 검색한 후, 각 도형에 하이퍼링크로 연결합니다.
  ※ [CHAPTER 19]-[불러올 파일]-'하이퍼링크 주소.txt' 파일 참조

국립 중앙 박물관	https://www.museum.go.kr/site/main/home
국립 부여 박물관	https://buyeo.museum.go.kr/index.do
국립 경주 박물관	https://gyeongju.museum.go.kr/
국립 김해 박물관	https://gimhae.museum.go.kr/kr/
국립 제주 박물관	https://jeju.museum.go.kr/html/kr/

④ 하이퍼링크가 잘 연결되었는지 확인한 후, 저장합니다.

마술사

● 불러올 파일 : 마술사.pptx   ● 완성된 파일 : 마술사(완성).pptx

- 개체 맞춤을 할 수 있습니다.
- 화면 전환 효과를 줄 수 있습니다.

오늘 배울 기능 : 개체 맞춤하기, 화면 전환 효과주기

완성작품 미리보기

직업 소개

마술사

마술사는 재빠른 손 기술, 카드, 동전, 마술 상자 등을 사용하여 신기한 속임수를 개발하고, 무대에 올라 관중들 앞에서 다양한 마술 공연을 합니다. 마술에 어울리는 도구, 음악, 조명, 무대 장치도 준비하고 공연을 기획합니다. 마술을 개발하기 위해 기술을 연구하고 마술 도구를 직접 제작하기도 합니다. 독특한 아이디어로 늘 새로운 마술을 연구하고, 관객들에게 화려한 쇼를 보여주기 위해 노력합니다.

01 개체 맞춤하기

1. [파일] 탭-[열기]-[찾아보기]를 클릭합니다. 이어서, [불러올 파일]-[CHAPTER 20]-'마술사.pptx'를 선택한 후, <열기> 단추를 클릭하여 파일을 불러옵니다.

2. 두 번째 슬라이드를 클릭한 후, 슬라이드를 복제하기 위해 Ctrl + D 키를 누릅니다. 두 번째 슬라이드 아래에 똑같은 슬라이드가 복제된 것을 확인할 수 있습니다. 세 번째, 네 번째 슬라이드도 아래에 같은 슬라이드를 복제합니다.

   ※ 마우스 오른쪽 단추를 눌러 '슬라이드 복제'를 클릭하여도 됩니다.

3. 세 번째 슬라이드를 선택합니다. 이어서, 슬라이드의 위쪽에 배치된 '빨간 다이아몬드카드' 이미지 한 개를 클릭한 후, Ctrl 키를 누른 상태에서 다른 이미지도 클릭하여 선택한 다음 [그림 서식] 탭-[정렬] 그룹에서 [맞춤]을 선택합니다.

4. [그림 서식] 탭-[정렬] 그룹에서 [맞춤]-'선택한 개체 맞춤'이 체크 되었는지 확인하고 '위쪽 맞춤'을 선택합니다.

CHAPTER 20 마술사 • **141**

5. 이어서, [맞춤]-'슬라이드에 맞춤'으로 선택한 다음 '가로 간격을 동일하게'를 선택합니다.

6. 같은 방법으로 남은 이미지들을 선택하여 [선택한 개체 맞춤]-'아래쪽 맞춤'을 선택하고, [슬라이드에 맞춤]-'가로 간격을 동일하게'를 선택합니다.

7. 다섯 번째 슬라이드를 선택하여 아래 그림처럼 이미지 4장을 선택한 후, [그림 서식] 탭-[정렬] 그룹에서 [맞춤]-[슬라이드에 맞춤]-'위쪽 맞춤', '가로 간격을 동일하게'를 선택합니다.

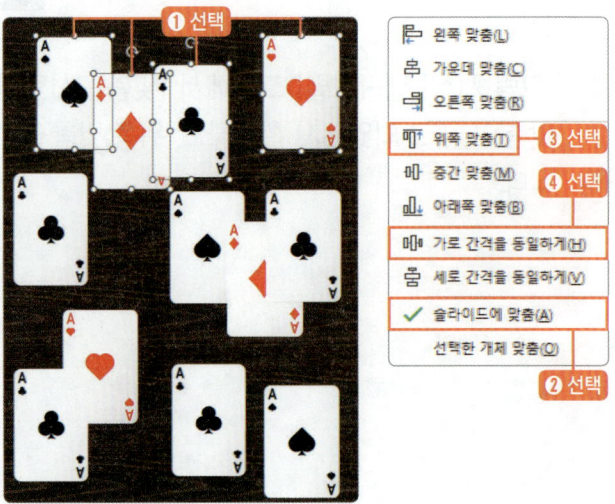

8. 같은 방법으로 아래의 그림과 같이 설정합니다.
   - **중간 줄** : 중간 맞춤(가로 간격 동일하게)
   - **아래쪽 줄** : 아래쪽 맞춤(가로 간격 동일하게)

9. 일곱 번째 슬라이드를 선택하여 아래 그림처럼 빨간색 카드만 선택합니다. 이어서, [그림 서식] 탭-[정렬] 그룹에서 [맞춤]-[슬라이드에 맞춤]-'위쪽 맞춤', '가운데 맞춤'를 선택합니다.

10. 같은 방법으로 아래의 그림과 같이 남은 '검정색' 카드 이미지들을 모두 선택하여 [그림 서식] 탭-[정렬] 그룹에서 [맞춤]-[슬라이드에 맞춤]-'아래쪽 맞춤', '가운데 맞춤'를 선택합니다.

02 화면 전환 효과 주기

1. 첫 번째 슬라이드를 선택합니다. 이어서, [전환] 탭-[슬라이드 화면 전환] 그룹에서 [화려한 효과]-'커튼'을 선택합니다.

2. 나머지 슬라이드는 슬라이드 네비 창에서 모두 선택합니다.
   - 두 번째 슬라이드를 클릭한 상태에서 Shift 키를 누르면서 마지막 일곱 번째 슬라이드를 선택합니다. 두 번째 슬라이드 ~ 일곱 번째 슬라이드까지 모두 선택이 됩니다.

3. [전환] 탭-[슬라이드 화면 전환] 그룹에서 [은은한 효과]-'모핑'을 선택합니다.

4. [슬라이드 쇼] 탭-[슬라이드 쇼 시작] 그룹에서 '처음부터'를 선택하여 슬라이드 쇼를 실행합니다.

5. [파일] 탭-[다른 이름으로 저장]을 선택하여 본인의 폴더를 선택한 후, 파일 이름을 '마술사(완성)'을 입력합니다. 이어서, <저장> 단추를 클릭합니다.

CHAPTER 20 연습문제

● 불러올 파일 : 연습하기 01.pptx   ● 완성된 파일 : 20장 연습하기 01(완성).pptx

문제 01 아래의 조건을 참고하여 완성해 봅니다.

① 슬라이드를 3장 복제합니다.
② [그림 서식] 탭-[정렬] 그룹에서 [맞춤]을 자유롭게 적용합니다.
③ [전환] 탭-[슬라이드 화면 전환] 그룹에서 [은은한 효과]-'모핑'을 선택합니다.

● 불러올 파일 : 연습하기 02.pptx   ● 완성된 파일 : 20장 연습하기 02(완성).pptx

문제 02 섞여 있는 동전들 속에서 100원과 500원을 따로 모아 저금통 옆에 놓아주세요.

① 슬라이드를 1장 복제한 후, 100원 동전과 500원 동전이 따로 모이도록 맞춤합니다.
② [전환] 탭-[슬라이드 화면 전환] 그룹에서 [은은한 효과]-'모핑'을 선택합니다.

전시회 큐레이터

● 불러올 파일 : 없음   ● 완성된 파일 : 큐레이터(완성).pptx, 큐레이터(완성).wmv

학습목표

- 사진 앨범을 만들 수 있습니다.
- 동영상으로 저장을 할 수 있습니다.

오늘 배울 기능 : 사진 앨범 만들기, 동영상으로 저장하기

직업 소개

큐레이터

큐레이터는 '학예 연구사'라고 부르기도 합니다. 박물관이나 미술관의 전시를 기획하고 작품 관리부터 홍보자료, 전시와 관련된 모든 업무를 총괄합니다. 관람객이 원하는 성공적인 전시회가 될 수 있도록 다양한 연구를 합니다.

01 사진 앨범 만들기

1. '파워포인트 2021'를 클릭하여 [새 프레젠테이션]을 엽니다.

2. [삽입] 탭-[이미지] 그룹에서 [사진 앨범]-'새 사진 앨범'을 선택합니다.

3. 아래와 같이 사진 앨범 대화상자가 나오면 <파일/디스크> 단추를 클릭합니다.

4. [불러올 파일]-[CHAPTER 21]-[큐레이터]-[한국을 빛낸 위인들] 폴더의 파일을 모두 선택하기 위해 선택합니다. 이어서, 가장 위에 있는 파일을 클릭한 상태에서 Shift 키를 눌러 가장 아래에 있는 파일을 클릭한 후, <삽입> 단추를 클릭합니다.

CHAPTER 21 전시회 큐레이터 • 147

5. [앨범에서 그림 위치]에 그림이 삽입된 것을 확인할 수 있습니다.
   [그림 레이아웃]-'그림 2개'를 선택합니다. 이어서, [그림 옵션]-'모든 그림 아래에 캡션 넣기'를 체크합니다.

6. [테마]에서 <찾아보기> 단추를 누릅니다. 이어서, 다음과 같이 [테마 선택] 대화상자가 나오면 'Ion' 테마를 선택한 후, <열기> 단추를 클릭합니다.

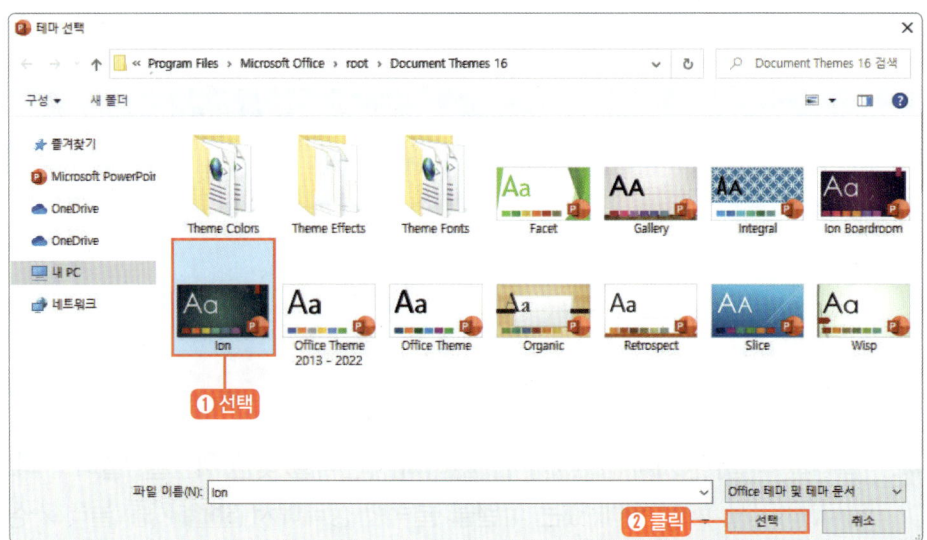

7. 'Ion' 테마가 적용된 새로운 파일이 열립니다. 이어서, 제목 슬라이드를 선택한 후, 아래와 같이 작성하고 배치합니다.
   - **한국을 빛낸 위인들** : 글꼴(휴먼둥근헤드라인), 크기(72pt), 그림자
   - **전시 장소** : 아소 박물관 / 전시 기간 : 25년 3월 15일 ~ 3월 18일 : 글꼴(맑은 고딕(제목)), 크기(20pt)

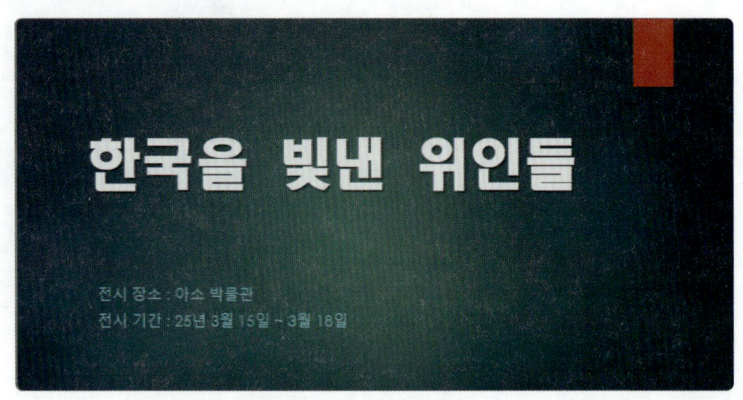

8. 마지막 슬라이드를 선택하고 마우스 오른쪽 단추 [새 슬라이드]를 선택합니다.

9. [삽입] 탭-[이미지] 그룹에서 [그림]-[이 디바이스]를 선택합니다. 이어서, [불러올 파일]-[CHAPTER 21]-[큐레이터] 파일에서 '큐레이터' 이미지를 선택한 다음 <삽입> 단추를 클릭하고 다음과 같이 배치합니다.

10. 다음 그림과 같이 도형을 삽입하여 텍스트를 입력합니다.
    - [설명선]-'말풍선: 모서리가 둥근 사각형', 도형 스타일(강한 효과 – 황금색, 강조 3)
    - 역사를 잊은 민족에겐 미래는 없습니다. 한국을 빛낸 위인들의 업적을 다시 한번 되새기는 소중한 시간이 되었길 바랍니다.(휴먼 둥근 헤드라인, 28pt, 임의의 색)

CHAPTER 21 전시회 큐레이터 • 149

11. 슬라이드 네비 창에서 첫 번째 슬라이드를 선택한 후, Shift 키를 누른 채로 마지막 슬라이드를 선택합니다. 이어서, [전환] 탭-[슬라이드 화면 전환] 그룹에서 '갤러리( )'를 선택합니다.

02 동영상으로 저장하기

1. [파일] 탭-[다른 이름으로 저장]을 선택하여 본인의 폴더를 선택한 후, 파일 이름을 '큐레이터(완성)'을 입력합니다. 이어서, [파일 형식]에서 'Windows Media 비디오'를 선택한 다음 <저장> 단추를 클릭합니다.

2. 화면 하단에 '큐레이터(완성).wmv 비디오를 만드는 중'으로 표시되고 완료가 되면 동영상으로 저장된 것을 확인할 수 있습니다.

3. [파일] 탭-[다른 이름으로 저장]을 선택하여 본인의 폴더를 선택한 후, 파일 이름을 '큐레이터(완성)'을 입력합니다. 이어서, <저장> 단추를 클릭합니다.

> **TIP**
>
> [삽입] 탭-[사진 앨범 편집]을 클릭하면 [사진 앨범] 대화상자에서 다시 수정할 수 있습니다.

CHAPTER 21 연습문제

● 불러올 파일 : 연습하기 01.pptx   ● 완성된 파일 : 21장 연습하기 01(완성).pptx, 21장 연습하기 01(완성).wmv

문제 01 [연습하기 01 이미지] 폴더의 사진을 넣어 사진 앨범을 만든 후, 동영상으로 저장해 봅니다.

● 불러올 파일 : 없음   ● 완성된 파일 : 21장 연습하기 02(완성).pptx, 21장 연습하기 02(완성).wmv

문제 02 [연습하기 02 이미지] 폴더의 사진을 넣어 사진 앨범을 만든 후, 동영상으로 저장해 봅니다.

한복사

● 불러올 파일 : 한복사.pptx   ● 완성된 파일 : 한복사(완성).pptx

- 도형을 병합할 수 있습니다.
- 도형을 그림으로 채우기를 할 수 있습니다.

오늘 배울 기능 : 도형 병합하기, 도형을 그림으로 채우기

완성작품 미리보기

직업 소개

한복사

한복사는 저고리, 치마, 두루마기, 마고자, 버선 등의 한복을 제작하는 일을 합니다. 직물의 종류, 색상, 원단의 실용성을 살펴보며 디자인하고, 재단을 합니다. 재단 후 실의 색깔을 선택하고 재봉틀을 이용하거나 손바느질로 한복을 완성 시킵니다. 가위나 칼로 불필요한 실을 제거하고 다림질하며, 단추나 장식물들을 손바느질하여 한복을 완성 시킵니다. 차분하고 섬세한 성격을 가진 사람에게 유리하며 오랜 시간 앉아서 작업하는 경우가 많으므로 인내심과 일에 대한 책임감이 있어야 합니다.

01 도형 병합하기

1. [파일] 탭-[열기]-[찾아보기]를 클릭합니다. 이어서, [불러올 파일]-[CHAPTER 22]-'한복사.pptx'를 선택한 후, <열기> 단추를 클릭하여 파일을 불러옵니다.

2. 세 번째 슬라이드를 선택한 후, [삽입] 탭-[일러스트레이션] 그룹에서 [도형]-[기본 도형]-'하트'를 선택합니다. 이어서, 슬라이드 밑 그림에 맞춰 크기를 조정한 다음 Ctrl 키를 눌러 3개를 복사하고 다음 그림 처럼 방향을 조정하여 모양을 맞춥니다.

TIP

[도형 서식] 탭-[정렬] 그룹에서 [회전]을 이용해 간단하게 회전시킵니다.

3. '하트' 도형 4개를 모두 선택한 다음 [도형 서식] 탭-[도형 삽입] 그룹에 [도형 병합]-[통합]을 지정합니다. 아래와 같이 하나의 도형으로 통합된 것을 확인할 수 있습니다.

4. 만들어진 도형을 오른쪽으로 드래그한 다음 [삽입] 탭-[일러스트레이션] 그룹에서 [도형]-'원'를 선택합니다. 이어서, 슬라이드 밑 그림에 맞춰 크기를 조정한 후, 이어서 7개의 도형을 복사합니다.

5. 먼저 꽃 모양 도형을 밑 그림 위에 올린 다음 Shift 키를 누른 상태에서 8개의 타원 모양을 하나씩 클릭합니다. 이어서, [도형 서식] 탭-[도형 삽입] 그룹에 [도형 병합]에서 '빼기(◉)'를 선택합니다.

※ 도형 선택을 취소하고 싶은 경우 Shift 키를 누른 상태에서 도형을 클릭하면 도형을 취소할 수 있습니다.

6. 마지막으로 꽃 도형의 가운데 '원' 도형을 넣어서 [도형 병합]-'빼기(◉)'를 클릭합니다.

02 도형 그림으로 채우기

1. 완성된 도형을 클릭하여 [도형 서식] 탭-[도형 스타일] 그룹에서 [도형 채우기]-[그림]-[파일에서]를 선택합니다. 이어서, [그림 삽입] 대화상자가 나오면 [한복사 이미지] 폴더에서 '질감1'을 선택하고 <열기> 단추를 클릭합니다.

2. 아래의 순서대로 도형 병합을 합니다.

① [도형]-'사각형: 둥근 모서리'를 삽입합니다.

② [도형]-'배지'를 안에 삽입합니다. 이어서, '사각형: 둥근 모서리'를 클릭하고 **Shift** 키를 누른 상태에서 '배지'를 클릭하여 [도형 병합] -'빼기( )'를 클릭합니다.

③ [도형]-'원'를 안에 삽입합니다. 이어서, 겉의 도형을 클릭하고 **Shift** 키를 누른 상태에서 '원'를 클릭한 다음 [도형 병합]-'통합( )'을 클릭합니다.

④ [도형]-'원'를 중앙에 삽입합니다. 이어서, 모서리에 작은 '원'을 삽입한 다음 겉의 도형을 클릭하고 **Shift** 키를 누른 상태에서 삽입된 모든 '원'를 클릭하여 [도형 병합]-'빼기( )'를 클릭합니다.

CHAPTER 22 한복사 • 155

⑤ [도형]-'배지'를 중앙에 삽입하고 조절점으로 모양을 조절합니다. 이어서, 겉의 도형을 클릭하고 Shift 키를 누른 상태에서 삽입된 '배지'를 클릭한 다음 [도형 병합]-'통합( )'을 클릭합니다.

⑥ [도형]-'원'를 중앙에 삽입한 다음 겉의 도형을 클릭하고 Shift 키를 누른 상태에서 삽입된 '원'를 클릭하여 [도형 병합]-'빼기( )'를 클릭합니다. 이어서, 완성된 문양에 채우기는 (질감2) 그림을 선택합니다.

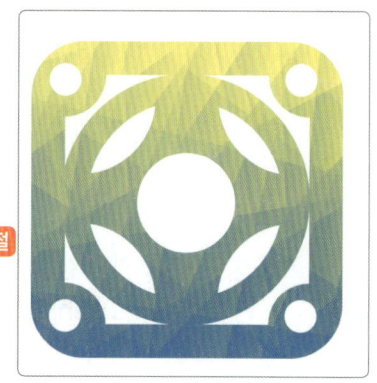

3. 세 번째 슬라이드에 완성된 문양을 복사하여 첫 번째, 두 번째 슬라이드 '한복' 이미지에 어울리게 배치해 봅니다.
   ※ Ctrl + C 키 : 복사하기 단축키 / Ctrl + V 키 : 붙여넣기 단축키

4. [파일] 탭-[다른 이름으로 저장]을 선택하여 본인의 폴더를 선택한 후, 파일 이름을 '한복사(완성)'을 입력합니다. 이어서, <저장> 단추를 클릭합니다.

CHAPTER 22 연습문제

● 불러올 파일 : 연습하기 01.pptx   ● 완성된 파일 : 22장 연습하기 01(완성).pptx

문제 01 아래의 조건을 참고하여 완성해 봅니다.

① '타원' 도형과 '사각형: 둥근 모서리' 도형을 병합하여 '쿠키' 모양을 만듭니다.
② 병합된 '쿠키' 모양의 도형을 [연습하기 01 이미지] 폴더에서 '쿠키 질감'으로 채우기를 합니다.
③ '쿠키'를 복사하여 2개를 만듭니다.
④ '쿠키'의 모양을 다양하게 꾸며줍니다.
   ※ 자유 곡선을 사용하여 머리카락을 나타냈습니다.
⑤ [연습하기 01 이미지] 폴더에서 '데코1, 2'를 불러와 필요한 이미지를 자르기 합니다.
⑥ 자유롭게 '접시' 위를 예쁘게 장식하여 완성해 줍니다.
⑦ [파일] 탭-[다른 이름으로 저장]을 선택하여 본인의 폴더를 선택한 후, <저장> 단추를 클릭합니다.

CHAPTER 23 통계학 연구원

● 불러올 파일 : 통계학 연구원.pptx   ● 완성된 파일 : 통계학 연구원(완성).pptx

- 차트를 삽입할 수 있습니다.
- 차트의 서식을 변경할 수 있습니다.

오늘 배울 기능 : 차트 삽입하기, 차트 서식 변경하기

완성작품 미리보기

직업 소개

통계학 연구원

통계학 연구원은 자연, 사회, 경제 현상 등으로부터 얻어진 자료를 과학적으로 분석, 추론함으로써 최적의 의사결정과 미래 예측에 도움이 되는 정보로 가공하는 업무를 수행합니다. 통계학의 수학적 기초에 대해 연구하고 실제 현상에 적용하는 통계학적 이론과 방법을 연구합니다. 통계학적 방법론을 개발하고 통계 방법론의 실무적 적용에 관해 조언하며 통계적 결과를 해석합니다.

01 차트 삽입하기

1. [파일] 탭-[열기]-[찾아보기]를 클릭합니다. 이어서, [불러올 파일]-[CHAPTER 23]-'통계학 연구원.pptx'를 선택한 후, <열기> 단추를 클릭하여 파일을 불러옵니다.

2. 첫 번째 슬라이드에 아래와 같이 글자를 입력합니다.
   - **글자 속성** : 글꼴(휴먼둥근헤드라인), 크기(44pt), 그림자 지정

3. 두 번째 슬라이드를 선택한 다음 [삽입] 탭-[일러스트레이션] 그룹에서 [차트( )]를 클릭합니다. 이어서, [차트 삽입] 대화상자가 나오면 [세로 막대형]-'묶은 세로 막대형'을 선택한 후, <확인> 단추를 누릅니다.

4. 다음과 같이 슬라이드 창에 'Microsoft Power Point의 차트' 창과 묶은 세로 막대형 차트가 삽입된 것을 확인할 수 있습니다.

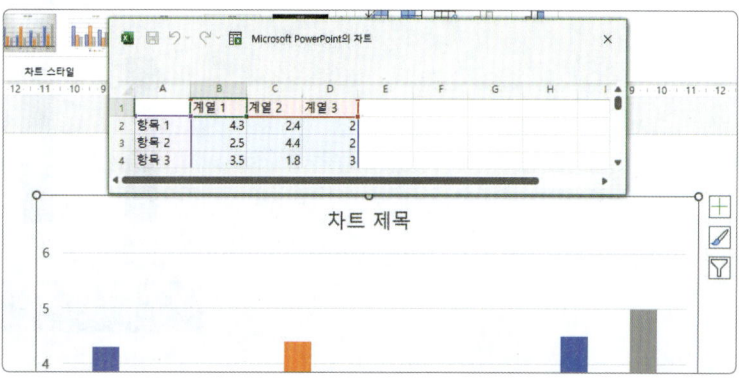

CHAPTER 23 통계학 연구원 • **159**

5. 다음과 같이 데이터를 입력한 다음 필요 없는 데이터는 칸을 드래그하여 삭제합니다.
   ※ 데이터 삭제한 후, 오른쪽 아래 파란점을 B열로 드래그합니다.

6. 슬라이드 창에 차트가 삽입된 것을 확인할 수 있습니다.

02 차트 서식 변경하기

1. 차트의 테두리를 클릭한 상태에서 마우스 오른쪽 단추를 클릭하여 [차트 영역 서식]을 선택하고 [채우기]-[단색 채우기]-'색-흰색, 배경 1'을 선택합니다.

2. 차트 영역에서 '딸기 데이터 계열'을 더블 클릭합니다. 이어서, [단색 채우기]-'빨강'을 선택한 다음 각 데이터 계열을 모두 '색 채우기'를 변경합니다.

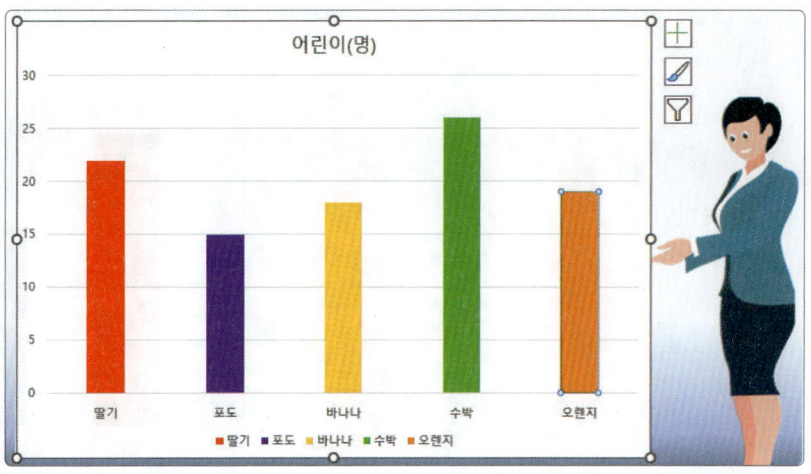

3. 차트 아래 범례의 테두리를 클릭한 다음 [홈] 탭에서 글꼴(HY헤드라인M), 크기(18pt)로 지정합니다.

4. 제목을 '어린이들이 좋아하는 과일'로 바꿔줍니다. 이어서, 글꼴(HY 헤드라인 M), 크기(18pt)로 지정합니다.

5. 차트를 클릭한 다음 [차트 디자인] 탭-[차트 레이아웃] 그룹에서 [차트 요소 추가]-[데이터 레이블]-'안쪽 끝에'를 선택합니다.

6. 데이터 레이블이 추가된 것을 확인할 수 있습니다.

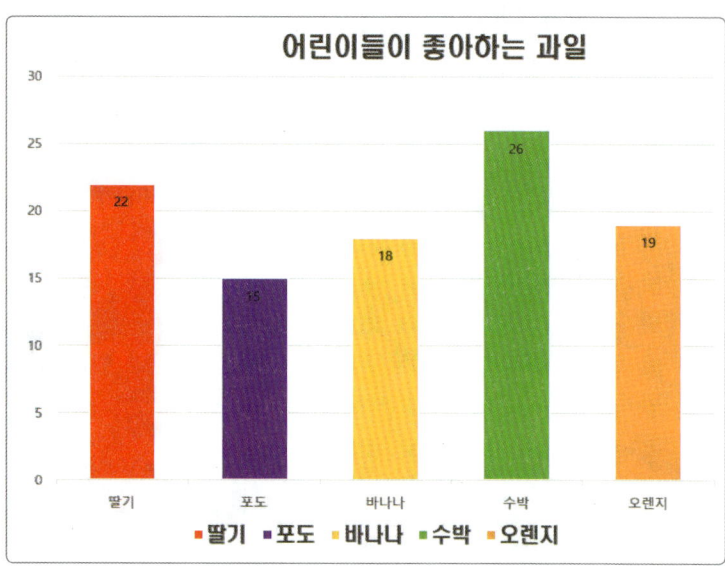

7. 데이터 테이블 위에 과일 이미지를 옮기고 크기 조정을 합니다. 이어서, 아래와 같이 도형을 삽입하고 '1위는 수박입니다.'를 입력합니다.

8. [파일] 탭-[다른 이름으로 저장]을 선택하여 본인의 폴더를 선택한 후, 파일 이름을 '통계학 연구원(완성)'을 입력합니다. 이어서, <저장> 단추를 클릭합니다.

CHAPTER 23 연습문제

● 불러올 파일 : 연습하기 01.pptx   ● 완성된 파일 : 23장 연습하기 01(완성).pptx

문제 01 아래의 데이터를 참고하여 차트를 완성해 봅니다.

① [차트 종류]는 [세로 막대형]-'묶은 세로 막대형'을 선택합니다.

② 아래의 데이터를 입력합니다.

	판매량
떡볶이	15
핫도그&떡꼬치	10
김밥	8
라면	5

③ 차트 채우기는 '흰색, 배경 1'을 선택합니다.

④ [차트 요소 추가]-[범례]는 '아래쪽'을 선택합니다.

⑤ 데이터 계열(막대)마다 '채우기 색'을 바꿔줍니다.

⑥ 메뉴에 맞는 이미지를 데이터 테이블로 옮겨와 위치와 크기를 조절합니다.

⑦ 범례와 제목을 원하는 글꼴 크기로 변경합니다.

⑧ [파일] 탭-[다른 이름으로 저장]을 선택하여 본인의 폴더를 선택한 후, <저장> 단추를 클릭합니다.

미래의 나에게

● 불러올 파일 : 미래의 나에.pptx ● 완성된 파일 : 미래의 나에(완성).pptx

학습목표

- 단락 서식을 변경할 수 있습니다.
- 프레젠테이션을 완성하여 발표할 수 있습니다.

오늘 배울 기능 : 단락 서식 변경하기, PPT 완성하기

완성작품 미리보기

직업 소개

어른이 된 나의 모습을 상상해 본 적이 있나요?
내가 잘하는 것과 좋아하는 것을 알아보고, 관심 가지고 있는 직업에 대해 알아봅니다.

01 단락 서식 변경하기

1. [파일] 탭-[열기]-[찾아보기]를 클릭합니다. 이어서, [불러올 파일]-[CHAPTER 24]-'미래의 나에게.pptx'를 선택한 후, <열기> 단추를 클릭하여 파일을 불러옵니다.

2. 첫 번째 슬라이드에 이름을 입력하고 글꼴(HY엽서M), 크기(28pt), 글자 색(녹색, 강조 6 25% 더 어둡게)를 설정합니다.

3. 두 번째 슬라이드에 다음과 같이 입력합니다.
   - **글자 속성** : 글꼴(HY엽서M), 크기(28pt), 글자 색(녹색, 강조 6, 25% 더 어둡게)로 지정합니다.

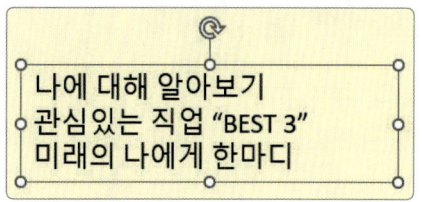

4. 텍스트 상자의 테두리를 클릭한 다음 [홈] 탭-[단락]-[번호 매기기]를 '1. 2. 3.'으로 지정합니다.

5. 줄 간격(2.0)을 지정합니다.

6. 세 번째 슬라이드에서 아래의 글을 입력한 다음 텍스트 상자의 테두리를 클릭한 후, [도형 서식] 탭-[단락] 그룹-[글머리 기호]를 선택합니다.

7. 나머지 슬라이드도 다음과 같이 완성합니다.

8. [전환] 탭-[슬라이드 화면 전환] 그룹-'도형'을 선택하고 [타이밍] 그룹-'모두 적용'을 클릭합니다.

9. [슬라이드 쇼] 탭-[슬라이드 쇼 시작] 그룹-'처음부터'를 지정하여 슬라이드 쇼를 확인합니다.

10. [파일] 탭-[다른 이름으로 저장]을 선택하여 본인의 폴더를 선택한 후, 파일 이름을 '미래의 나에게(완성)'을 입력합니다. 이어서, <저장> 단추를 클릭합니다.

CHAPTER 24 연습문제

●불러올 파일 : 연습하기 01.pptx   ●완성된 파일 : 없음

문제 01 미래의 나는 어떤 직업을 가지고 지낼까요?

내가 주인공이 되어 나에 대해 알아보고, '미래의 나에게' 보내고 싶은 내용을 자유롭게 적어봅니다. 완성한 후, 슬라이드 쇼를 실행하여 발표해 봅니다.

종합평가 연습문제

● 불러올 파일 : 종합평가 01.pptx   ● 완성된 파일 : 종합평가 01(완성).pptx

문제 01 다음 문제를 읽고 정답을 찾아 표시하세요.

1 딸기만 선택을 해야합니다. 어떤 키를 눌러 클릭할까요?

① **Enter** 키   ② **Shift** 키   ③ **Ctrl** 키   ④ **Alt** 키

2 다음과 같이 도형이 바르게 정렬할 때 사용하는 아이콘은 무엇일까요?

① WordArt   ② 맞춤   ③ 회전   ④ 도형

3 슬라이드 쇼를 실행하기 위해 사용할 수 있는 단축키는 무엇일까요?

① **F5** 키   ② **F2** 키   ③ **F1** 키   ④ **F7** 키

4 도형이나 그림을 **Ctrl** 키를 누른 상태에서 드래그 합니다. 어떤 일이 일어날까요?

① 도형이나 그림이 삭제됩니다.
② 도형이나 그림이 크기가 조절됩니다.
③ 도형이나 그림이 복사됩니다.
④ 도형이나 그림이 저장됩니다.

● 불러올 파일 : 종합평가 02.pptx   ● 완성된 파일 : 종합평가 02(완성).pptx

문제 02 아래의 조건에 맞춰 문서를 작성해 봅니다.

① 텍스트 상자 또는 워드 아트를 이용하여 내용을 자유롭게 작성합니다.
② 번호 매기기를 사용하여 번호를 매깁니다.
③ 애니메이션 효과와 전환 효과를 넣습니다.
④ 본인의 폴더를 선택한 후, [파일 형식]을 'Windows Media 비디오'로 선택하여 동영상으로 저장합니다.

K마블 소개

아카데미소프트와 코딩아지트의 컴교실 **타자 프로그램**

 V2.0 업그레이드

[K마블이란?]

[K마블인트로]

업그레이 된 K마블 V2.0을 만나보세요!

▶ 키우스봇과 함께하는 **무료 타자프로그램!**
▶ **영문 버전** 오픈-**영어 키보드** 자리연습, **원어민 음성**을 들으며 타자 연습을 하는 **영어 단어연습**
▶ 온라인 대전 **2 VS 2** 모드 출시
▶ 나만의 **커스텀 캐릭터** 기능 오픈

100% 무료 타자프로그램

K마블 V 2.0으로 한글·영문 타자연습 모두 가능해요!!

전체 메뉴

K마블 튜토리얼

커스텀 프로필

레벨 평가

영어 단어연습

온라인 대전

▶ **커스텀 프로필**
자신의 케릭터를 꾸밀 수 있는 기능이 추가되었습니다. 케릭터의 머리, 얼굴, 옷, 장신구를 변경하여 자신만의 개성있는 케릭터를 만들어 봅니다.

▶ **레벨평가 시안성**
레벨평가 화면이 이전 화면 보다 보기 좋게 변경되었습니다. 배운 내용을 복습하여 높은 점수에 도전해 봅니다.

▶ **영어 단어연습**
영어 동사 단어연습은 원어민의 영어 발음을 들으며 영어동사 단어연습을 할 수 있는 타자입니다.

▶ **온라인 대전 게임 - 영토 사수 작전**
친구들과 1 VS 1 또는 2 VS 2 온라인 대전 게임으로 오타 없이 빨리 타자를 입력하여 영토를 지배하는 게임입니다. 비슷한 타수의 친구와 대결하면 재미있는 승부를 볼 수 있습니다.